Jörg-Peter Schröder / Reiner Blank

Stressmanagement

Stress-Situationen erkennen – erfolgreiche Maßnahmen einleiten

POCKET BUSINESS

Cornelsen

Verlagsredaktion: Marlies Bocionek
Technische Umsetzung: Holger Stoldt, Düsseldorf
Umschlaggestaltung: Ellen Meister, Berlin
Titelfoto: © Martin Poole / Getty Images

Informationen über Cornelsen Fachbücher und Zusatzangebote:
www.cornelsen.de/berufskompetenz

3. Auflage

Druck: Druckhaus Berlin-Mitte

ISBN 978-3-589-23435-6

Inhalt gedruckt auf säurefreiem Papier
aus nachhaltiger Forstwirtschaft.

Inhalt

Hinweise

- Das vorliegende Buch ist sehr sorgfältig recherchiert und erarbeitet worden. Dennoch erfolgen alle Angaben ohne Gewähr. Weder Autoren noch Verlag können für eventuelle Nachteile oder Schäden, die aus den im Buch gemachten praktischen Hinweisen oder Übungen resultieren, eine Haftung übernehmen.

- Die Namen von beschriebenen Personen sind verändert beziehungsweise erfunden. Eine Übereinstimmung mit lebenden Personen wäre zufällig und ist nicht beabsichtigt.

- Aus Gründen der Praktikabilität wird die männliche Version von Begriffen benutzt – Frauen sollen sich nicht benachteiligt fühlen. Zum Beispiel ist mit dem Begriff Betriebswirt gleichermaßen eine Betriebswirtin gemeint.

Einleitung

Dünne Lippen - hektischer Blick. Wir kennen ihn alle – den Stress. Bei positiver Einstellung kann der Stress ungeheuere Energien freisetzen – oder uns krank machen! Stress fordert uns heraus. Viele beschreiben Stress als eine Art Seuche, die jeden infiziert und sich rasend schnell ausbreitet. Lässt sich Stress managen? Nein, wir können nur den Umgang mit dem Stress verbessern und Lösungsmöglichkeiten aufzeigen, adäquater mit Stress umzugehen und zu mehr Gelassenheit zu gelangen.

Der Umgang mit Stress wird zur Schlüsselkompetenz auf dem Weg zum persönlichen Erfolg. Dieses Buch hilft Ihnen, durch einen sinnvollen Umgang mit chronischem Stress Ihre kostbaren Energiereserven zu bewahren und einem unnötigen Verschleiß vorzubeugen. Es gibt kein Standardrezept zum Umgang mit Stress. Wir alle sind unterschiedlich in unserem Persönlichkeitsprofil, geprägt durch Umfeld, Erziehung, Erfahrung, Wissen und Einstellung. Dementsprechend kann eine Lösung nur dann wirklich effektiv sein, wenn die Bewältigungsstrategien und Maßnahmen individuell maßgeschneidert sind. Die Kapitel des Buches zielen darauf ab, Stress-Symptome frühzeitig zu erkennen und zu verstehen, einen für Sie passenden individuellen und situationsgerechten Lösungsansatz zum Umgang mit dem Phänomen Stress zu entwickeln und konkrete Schritte zur Stressbewältigung ableiten zu können und Wege zu mehr Gelassenheit aufzuzeigen.

Das Buch ist ein praxisorientierter Ratgeber. Es schlägt die Brücke zwischen Management, Lebenshilfe, Psychologie, Individuation, Karriere- und Persönlichkeitsentwicklung und ganzheitlicher Gesundheit in kurz prägnant knapper Form. Ihr persönlicher Nutzen steht an erster Stelle. Unser Ziel ist der Transfer von Theorie in die Praxis auf Basis klarer Beispiele, erfolgserprobter Tipps und geeigneter direkt umsetzbarer

Maßnahmen. Durch konkrete Bewältigungsstrategien, individuelle Instrumente und prophylaktischen Maßnahmen bieten wir Ihnen Module, die Sie gezielt einsetzen können.

Alle Kapitel sind nach einem für das ganze Buch geltenden roten Faden aufgebaut. Jedes Kapitel wird mit einer Zusammenfassung „Auf den Punkt gebracht" abgeschlossen. Je nach Interesse und Vorwissen des Lesers ist die Zusammenfassung eine Wiederholung oder dient als Orientierungshilfe. Das Buch basiert auf einschlägigen wissenschaftlichen Theorien, den Resultaten erfolgreicher Projekte und unserer Erfahrung von über 15 Jahren Arbeit in den Dimensionen Kommunikation, Prozess-, Projekt- und Gesundheitsmanagement, Persönlichkeitsentwicklung, Wandel, Coaching, Unternehmensgesundheit und Stress-Bewältigung.

Flankierend beleuchten wir die Auswirkungen von Stress auf Unternehmen und Organisationen. Durch die mit Angst und Unsicherheit verknüpften Veränderungsprozesse auf individueller, psychologischer, arbeits- und gesellschaftlicher Ebene werden große Kosten verschlungen. Wenn wir besser mit Stress umgehen, können massive Kosten, unter anderem durch Fehlzeiten und Krankheiten eingespart, Motivation und Vertrauen in Abteilungen erhöht sowie die Produktivität von Unternehmen gesteigert werden.

Wir wünschen Ihnen, dass Sie den Stress bewältigen können, bevor er Sie überwältigt und dass Sie gelassener und entspannter mit Stress-Situationen umgehen können.

Ihre Jörg-Peter Schröder und Reiner Blank

1 Was ist Stress?

1.1 Definition von Stress

Der Begriff Stress kommt aus dem Englischen aus dem Bereich der Qualitätsprüfung von Materialien, wie Glas und Metallen, und bezeichnet die Anspannung und Verspannung unterschiedlicher Materialien.
Aus Sicht der Wissenschaft wird Stress als ein Muster spezifischer und unspezifischer Reaktionen eines Organismus auf Reizereignisse definiert, die sein Gleichgewicht stören und seine Fähigkeiten zur Bewältigung strapazieren oder überschreiten. Diese Reizereignisse umfassen eine Bandbreite externer und interner Bedingungen, die allesamt als Stressoren bezeichnet werden.

> Stressoren sind die Reizereignisse, die die Ursache für die Auslösung von Stress sind.

Stressoren können sich in Anpassungszwängen und Anspannungen wie Angst, Arbeitsplatzunsicherheit, Überforderung, Unterforderung, Lärm, Rollenunsicherheit oder dem täglichen Ärger äußern, die uns aus dem individuellen Gleichgewicht bringen und uns so unter emotionalen und körperlichen Druck setzen. Eine Stress-Reaktion ist die Antwort unseres gesamten Körpers auf den Stressor und setzt sich aus vielfältigen Kombinationen von Reaktionen auf physiologischer, verhaltensbezogener, emotionaler und kognitiver Ebene zusammen.
Eine Stress-Reaktion ist individuell unterschiedlich – einige reagieren bereits bei wenig Stress mit hoher Alarmbereitschaft, während andere sehr stressreiche Ereignisse sehr locker bewältigen können. Dies hat viel mit dem Erleben und der Bewertung des als unangenehm empfundenen Spannungszustands zu tun.

Soweit die Theorie. Stress aktiviert ein uraltes Überlebensprogramm, welches in unseren Genen abgelegt ist. Dieses Programm umfasst eine neuro-biochemisch-hormonelle Rückkoppelung des Körpers auf eine Gefahr, die seit Tausenden von Jahren gleich geblieben ist, obwohl sich die Lebens- und Rahmenbedingungen der Umwelt massiv verändert haben. Zu der Zeit, als unsere Vorfahren noch in Höhlen wohnten, war der Stress ein zum Überleben notwendiger evolutionsbiologischer Ablaufplan, um sehr schnell Energiereserven für die Flucht oder den Kampf zu mobilisieren, falls sich ein wildes Tier näherte.

Dementsprechend ließ sich der Stressablauf im ursprünglichen Sinn in sechs Phasen aufteilen:

Phase 1: Orientierung

Ein Knacken im Unterholz lässt den Höhlenmenschen aufhorchen (der Reiz wird wahrgenommen und an das limbische System im Gehirn weitergeleitet.) Ein Bär nähert sich der Höhle.

Phase 2: Alarmreaktion

Das Gehirn entscheidet in Sekundenbruchteilen, ob es sich um einen bedrohlichen Reiz handelt, der das eigene Leben bedroht. Der Körper wird durch Kampf- und Fluchthormone in sofortige Alarmbereitschaft versetzt. Der Sympathikus – Gegenspieler des Parasympathikus – wird aktiviert, der Puls- und die Atemfrequenz werden beschleunigt, die Darmtätigkeit eingestellt und der Blutgerinnungsfaktor nimmt zu (siehe Tabelle S. 13). Gleichzeitig wird die Schmerzempfindung herabgesetzt und die Zucker- und Fettmobilisation wird aktiviert. Die Muskeln sind angespannt – bereit für Flucht oder Kampf. Der Höhlenmensch ergreift seinen Speer.

Phase 3: Anpassung

Während der Bedrohungssituation ist der Körper maximal angespannt und optimal vorbereitet zu fliehen oder den Bär anzugreifen.

Phase 4: Erholung

Nach gelungener Flucht oder gewonnenem Kampf gegen den Bär kann die Erholung einsetzen.

Phase 5: Überforderung

Wenn permanent neue lebensgefährliche Reize an das Gehirn gemeldet werden, ohne dass eine Erholung stattfinden konnte oder die Anpassungsleistung nicht mehr erfolgen kann, reagiert der Mensch mit Dauerstress. Permanent hat er das Gefühl, angegriffen zu sein und mit Flucht oder Angriff reagieren zu müssen.

Phase 6: Komplette Erschöpfung

Wenn der Zustand der Überforderung zu lange anhält, lebt der Mensch über seine Energiereserven, erschöpft seine Widerstandskraft (Immunsystem) und ist nicht mehr fähig, in bedrohlichen Situationen angemessen zu reagieren.

Dieses biologische Stress-Programm entsteht durch über das Hirn geleitete intensive, den heutigen Lebensbedingungen aber nicht mehr adäquate Hormonausschüttung sowie eine Aktivierung der sympathischen Fasern des autonomen Nervensystems (siehe auch Tabelle S. 15).
Heutzutage leben wir (zumeist) nicht mehr in Höhlen und müssen uns auch nicht mehr eines herannahenden Raubtieres erwehren. Die Anforderungen unseres Lebens im Informationszeitalter sind selten auf körperliche Kraft sondern auf geistige Leistungsfähigkeit ausgerichtet. In mittelständischen Unternehmen und Konzernbüros lauern jedoch andere Stressoren und Ärgersituationen – sei es der Umgang mit der knappen Zeit, der Notwendigkeit gleichzeitig viele Dinge zu erledigen, das Chaos auf dem Schreibtisch oder der brüllende Chef, die ebenfalls Stress induzieren.
Das wunderbare biologische Reaktionsmuster, das bei akuter Gefahr automatisch abgespult wird und Kampf-oder-Flucht-Reaktionen bewirkt, ist jedoch häufig entgleist. Denken Sie nur

an die Situationen, bei denen überhaupt kein Notfall vorliegt. So kann es passieren, dass bei zwei Menschen, die an einem Tisch sitzen und kleine Holzfiguren hin- und herschieben, massive Stress-Reaktionen provoziert werden – dabei handelt es sich nur um ein Schachspiel. Die Reaktion des Körpers ist der Situation nicht mehr angemessen.

Nehmen wir ein Beispiel aus dem Büroalltag: Da sitzen Menschen vor Bildschirmen und tippen auf kleinen Plastiktasten herum und reagieren plötzlich mit Tobsuchtsanfällen, nachdem sie die Return-Taste gedrückt haben – dabei haben sie durch das Drücken gewisser Tasten lediglich eine kleine Abbildung auf dem PC erzeugt. Diese jedoch könnte die Aufforderung zum Konkurs gewesen sein. Die Interpretation von Ereignissen, das Grübeln, was so alles schief gehen könnte, erzeugt maximalen Stress.

Hinzu kommt, dass wir heutzutage nicht mehr so einfach aus der Haut fahren können. Wir müssen uns zusammenreißen und den Ärger oder die Wut herunterschlucken obwohl wir lieber herumschreien wollten. So ersticken wir an der Ladung Kraft, die nicht abgebaut werden kann, da die Stresshormone weiter in unserem Körper zirkulieren.

In einem Bürojob kann man sich körperlich nicht auspowern oder austoben. Die Gegen- und Ausgleichstrategien sind daher ein wichtiger Bestandteil zum adäquaten Umgang mit Stress.

Was passiert auf physiologischer Ebene bei Stress?

Neueste physiologische Studien belegen die neuroendokrine Kontrolle des Immunsystems. Das bedeutet, dass uns unsere neuroendokrinen „Drüsen“ unseres Nerven- und Immunsystems – und damit unsere Abwehrkraft – über die Hormonausschüttungen massiv beeinflussen. Durch lang anhaltenden Stress kommt es zu einer Immunsuppression – unser Abwehrsystem wird durch Kortikoide (zum Beispiel Cortisol), Endorphine und Metenkephaline geschwächt. Wir erkranken leichter an Krankheiten, die von Viren oder Bakterien initiiert werden. Zudem schädigt das Cortisol bei chronischem Stress unser

Zentralnervensystem, weshalb bei Dauerstress Müdigkeit und Depressionen auftreten können. Dauerstress macht uns also mittel- bis langfristig krank. So konnte in neuesten internationalen Studien belegt werden, dass stressarme Menschen länger leben als vom Stress geplagte Personen.

Der Einfluss von Sympathikus und Parasympathikus auf die Körperorgane im Stressgeschehen

Organ	Sympathikus	Parasympathikus
Herz	Herzfrequenz beschleunigt	Herzfrequenz verlangsamt
Blutgefäße	Erhöhung des Blutdrucks	Erniedrigung des Blutdrucks
Gehirn	Konzentration	Entspannung / Ruhe
Muskulatur	Anspannung (fight or flight)	Entspannung
Immunsystem	reduziert	aktiv
Sexualhormone	kurzfristiger Anstieg, danach Reduzierung	Steigerung der Produktion
Tränendrüse	trocken	Tränen
Pupille	weit gestellt	eng
Hirnanhangdrüse	Freisetzung von Stresshormonen	Abklingen der Stresshormone
Speicheldrüsen	trockener Mund	starker Speichelfluss
Muskel-stoffwechsel	zur Energiegewinnung wird Zucker freigesetzt	Energiespeicherung
Lunge	schnelle, tiefe Atmung	flache, langsame Atmung
Verdauungstrakt	kurzfristig Durchfall, langfristig reduziert	angeregte Tätigkeit
Stress-Hormone	gesteigerte Ausschüttung	normal

1.2 Eu-Stress/Dis-Stress – zwei Energiephänomene

Stress ist einerseits ein maßgeblicher Impuls für Vitalität, Antrieb und persönliche Weiterentwicklung – andererseits jedoch auch das Symptom einer Vielzahl von gesellschaftlichen Problemen, die sich im Dauerzustand auf der körperlichen Dimension als Krankheit manifestieren können. Stress kann der Aufbruch zu neuen Ufern sein – oder zum lebensgefährlichen Absturz führen.

> Grundsätzlich unterscheiden wir „angenehmen" von „unangenehmem" Stress – früher bezeichnete man diese Unterschiede mit gesunderhaltendem Eu-stress (eu = griechisch; bedeutet gut) und krankmachendem Dis-Stress.

Beispiel

Wenn Sie nach drei fast durchgearbeiteten Nächten einen brilianten Projektabschluss feiern und auch noch befördert werden, wird eine ähnliche physiologisch-biochemisch-hormonelle Kaskade ausgelöst als wenn Sie im Wartezimmer des Zahnarztes sitzen und mit pochendem Kiefer darauf warten, dass Ihnen innerhalb der nächsten halben Stunde eine Wurzelspitzenresektion bevorsteht. Die erste Situation werden Sie als sehr angenehm empfinden, die zweite als unangenehm.

Der Eu-stress spornt uns zu Höchstleistungen an und verleiht uns Flügel – er gibt uns Energie. Der Dis-Stress bremst uns und zieht uns Energie ab. Der Dis-Stress ist eine Art Vampir, der uns energetisch aussaugt.

> Bei kontrolliertem Stress werden wichtige Voraussetzungen geschaffen, um neue Lernerfahrungen zu machen! Unkontrollierter Stress hingegen bedeutet: Außer sich sein; dauerhafter unkontrollierter Stress macht krank.

Energetisch betrachtet, ist der Stress wie eine Gitarrensaite. Wenn sie zu locker ist, ist das Instrument verstimmt, bei zu viel Spannung reißt die Saite. Die Gitarre braucht bei allen Saiten für den harmonischen Klang eine gewisse Spannung.

So ist es auch in unserem Leben. Wir brauchen Stress, um glücklich zu sein. Ohne Stress geht es nicht – zu viel Stress macht krank.

Beteiligte Hormone innerhalb des Stress-Kreislaufs

Hormon	Funktion	Stress-Einfluss
Adrenalin	Steigert Blutdruck und Herzfrequenz, setzt kurzfristig Energie frei	Vermehrte Adrenalinausschüttung. Folgen: Unkonzentriertheit, Nervosität, Unruhe bis zu Schlafstörungen
Hypophyse: Adrenocorticotrope Hormon (ACTH)	Stimuliert die äußeren Teile der Nebennierenrinde zur Ausschüttung von Steroiden (z.B. Cortisol)	Ruf zu den Waffen Unterstützung des Schnellen Verfügbarmachens von Energie
Nebennierenrinde: Cortisol	Unterstützung der Energieverfügbarkeit. Hemmung der Entzündungsreaktion des Immunsystems	Überproduktion von körpereigenem Cortisol bei chronischem Stress. Folgen: Infektanfälligkeit, Knochenstabilität herabgesetzt Hemmung der Fortpflanzung und Mesenchymhemmung
Gonadotropin	Sexualhormon, Fortpflanzung	Folge: Verminderte Körperabwehr
Melantonin	Steuermann des Schlaf-Wach-Rhythmus	Vermutlich Verminderung der Melantonin-Ausschüttung
Thyreotropes Hormon (TSH) der Schilddrüse	Anregung der Schilddrüse zur Produktion von Schilddrüsenhormon	Verstärkte Ausschüttung, damit durch das Schilddrüsenhormon mehr Energie zur Verfügung gestellt werden kann

Bei Aufnahme eines externen Reizes arbeitet unser limbisches System im Zwischenhirn als eine Art emotionales Schiedsgericht. Es entscheidet je nach Filter in Bruchteilen einer Sekunde, ob Informationen wichtig sind oder nicht. Je nach Kategorisierung kann ein Ereignis als positiv (Eu-stress) oder negativ (Dis-Stress) eingestuft werden. Eine zusätzliche Projektaufgabe bedeutet für den einen eine tolle Herausforderung um sich zu profilieren, für den anderen kann dies das Fass der Frustrationstoleranz zum Überlaufen bringen oder eine Versagensangst bedeuten.
Zudem wollen wir den Schwerpunkt nicht auf akuten sondern chronischen Stress legen.
Der kanadische Hormonforscher und Arzt Hans Selye war einer der ersten Wissenschaftler, die sich in Tierversuchen unter Laborbedingungen mit den Auswirkungen von Stress auf den Körper beschäftigten. Hormone spielen eine wichtige Rolle in der Balance unseres Lebens. Mit höherem Alter verändern sich die hormonellen Bedingungen.

1.3 Akuter Stress

Wenn es sich um ein akutes, vorübergehendes Erregungsmuster mit einem klaren Anfang und einem klaren Ende handelt, sprechen wir von akutem Stress. Jeder von uns kennt eine derartige Situation: Sie gehen in Gedanken versunken spät abends durch die Straßen, als plötzlich ein großer Mann im Dunkeln auf Ihrem Weg nach Hause auftaucht – die inneren Alarmlampen blinken auf: Ist Gefahr im Verzug? Werde ich bedroht? Muss ich fliehen? Vereinfacht ausgedrückt bedeutet dies, dass Sie Stress haben!

1.4 Chronischer Stress / Dauerstress

Wenn es sich um einen andauernden Zustand kontinuierlicher Erregung mit subjektivem Erleben von Stress handelt, sprechen wir von chronischem oder Dauer-Stress.

Wichtig ist, dass die Anforderungen an die Situation höher eingeschätzt werden als die zur Bewältigung der Situation vorhandene Energie. Dies führt in Konsequenz zu fortwährenden Frustrationen und zu einem Raubbau der eigenen Energieressourcen im Körper. Zudem blockiert Dauerstress den körperlich-seelischen Ausgleich und gefährdet mittel- bis langfristig die Gesundheit. Die Hauptgefahr ist die, dass sich der Stress verselbstständigt und Sie in der Hand hat – der Stress hat Sie!

Beispiel

Stellen Sie sich vor, dass Sie mit einem schnellen Auto auf der Autobahn fahren. Jetzt sehen Sie im Rückspiegel einen auf der rechten Spur herannahenden schnellen Wagen, der Sie rechts überholen will. Was machen Sie? Genau – Sie treten Ihr Gaspedal maximal durch – Kick-down! Ihr Wagen beschleunigt und Sie können nach rechts ziehen, damit Sie der schnelle Wagen links überholen kann. Wenn Sie links bleiben wollen und schneller als der andere Wagen fahren möchten, müssen Sie permanent voll mit dem Fuß auf dem Gaspedal stehen – das ist sozusagen ein Dauer-Kick-down-Zustand. Das kostet Sie jedoch maximal Energie – durch den Auspuff können Sie, entsprechend dem Benzinverbrauch, die Euro-Stücke klimpern hören. Ein derartiger Fahrstil ist extrem energieaufwändig.

Übertragen auf das Leben würden Sie irgendwann an einen Punkt kommen, in dem Sie absolut keine Kraft mehr haben. Zeit, um aufzutanken!
Patienten, die unter Dauerstress leiden, berichten, dass sie nicht mehr STOPP sagen konnten. Ein Klient sagte während einer Coaching-Stunde: „Die Lokomotive fuhr unter Volldampf mit mir – es gab kein Halten mehr".

1.5 Das Stress-Barometer

Machen Sie den auf der folgenden Seite stehenen Stress-Check-up und ermitteln Sie den Wert Ihres persönlichen Stress-Barometers – Wie hoch ist Ihr Stress-Druck?
Fragen zum Stress-Barometer: Lesen Sie sich die Fragen in Ruhe durch und kreuzen Sie die Antwort an, die Ihnen Ihrer Meinung nach am ehesten entspricht:

Das Stressbarometer… die Fragen

1.	Ich arbeite unter Zeit- und Termindruck
2.	Insbesondere nach einem hektischen Arbeitstag fällt es mir schwer, zu Hause loszulassen und mich zu entspannen
3.	Ich fühle mich als Opfer der Umstände
4.	Meine private und berufliche Situation empfinde ich als ungewiss
5.	Das NEIN sagen fällt mir sehr schwer
6.	Meine Arbeit wird nicht genug wert geschätzt
7.	Meine Energiereserven sind leer
8.	Abends trinke ich ein Glas Rotwein
9.	Meine Nackenmuskulatur ist verhärtet und schmerzt
10.	Mein Kopf ist wie benebelt
11.	Ich habe keine Kondition und bin schnell erschöpft
12.	Mir ist eigentlich alles zu viel
13.	Ich verzettele mich während der Arbeit
14.	Wenn viele Kollegen etwas wollen, werde ich ganz nervös
15.	Ich arbeite sehr viel und hart
16.	Ich habe wenig Zeit für Freunde, Partnerschaft, die Familie
17.	Ich esse schnell und hastig
18.	Ich betreibe keinen Ausgleich zu meiner Arbeit
19.	Ich habe keine Zeit zum Sport
20.	Innerlich bin ich unruhig und unausgeglichen
21.	Ich schlafe unruhig und liege oft nachts wach
22.	Wenn ich morgens aufwache, fühle ich mich wie gerädert
23.	Ich leide unter Magenschmerzen oder Verdauungsproblemen
24.	Ich bin schlecht organisiert und verliere oft den Überblick
25.	Mein Herz bereitet mir Sorgen
26.	Meine Hände und Füße sind kalt
27.	Ich kann schlecht abschalten und mich nur ungenügend entspannen
28.	Mein Gedächtnis funktioniert wie ein Schweizer Käse – ich vergesse vieles und kann mir nichts merken
29.	Ich habe keine neuen Ideen und fühle mich ohne Schwung
30.	Es fällt mir schwer, über den Verlust eines wichtigen Menschen hinweg zu kommen.

	stimmt immer (6 Pkte)	stimmt häufg (4 Pkte)	stimmt ab und zu (2 Pkte)	stimmt gar nicht (0 Pkte)

Das Stressbarometer… die Auswertung

Ermitteln Sie zunächst Ihre Gesamtpunktzahl und lesen Sie dann die Auswertung:

0 – 60 Punkte:
Super! Sie haben einen gesunden Umgang mit dem Stress entwickelt Sie kennen Ihre Stressoren, erkennen die körperlichen Warnzeichen und können adäquat damit umgehen. Proaktiv und eigenverantwortlich gehen Sie mit Problemsituationen um und lassen sich nicht durch Energieräuber bremsen. Sie sind auf dem besten Wege, gelassen und mit der notwendigen Distanz mit äußerlichem Stress umzugehen. Sie schaffen es, ein gesundes Verhältnis zwischen Privatem und Arbeit zu leben. Mit ein bisschen mehr Entspannung könnten Sie Ihre Energie maximal boostern – dann sind Sie unschlagbar!

60 – 120 Punkte:
Sie sind auf dem richtigen Weg. Sie kennen Ihre Stressoren und kritischen Reaktionsweisen, haben Sie aber noch nicht zur vollen Blüte gebracht. Möglicherweise gibt es Stolpersteine in der Wahrnehmung und der Erkennung körperlicher Symptome. Achten Sie zudem auf eine gute Balance zwischen Anstrengung bei der Arbeit und dem privaten Ausgleich. Machen Sie sich klar, welche Situationen für Sie stressig sind und wie Sie wann und wo reagieren. Lernen Sie konkrete Maßnahmen zur Stressbewältigung kennen und leiten Sie die notwendigen Veränderungen ein. Entspannungsmethoden sind eine sinnvolle Möglichkeit, prophylaktische Maßnahmen gegen Stress umzusetzen.

120 – 180 Punkte:
Sie sind stressanfällig oder fühlen sich vom Stress geplagt. Innere Energiekiller ziehen Ihnen Energie ab und lassen die Reservelampe in Ihrer Lebensbatterie aufleuchten. Sie fühlen sich häufig fremdbestimmt und machen sich möglicherweise selbst das Leben schwer. Reservieren Sie in Ihrem Terminkalender einen Tag nur für sich selbst, an dem Sie sich klarmachen, was Sie am meisten stresst. Übernehmen Sie die Regie und lernen Sie die notwendigen Instrumente, Methoden und Bewältigungsstrategien im Umgang mit Stress kennen. In Kombination mit einem guten Ausgleich im Privaten sowie geeigneten Entspannungsverfahren werden Sie zukünftig Ihre Power wieder besser spüren können. Wichtig ist, dass Sie eine ausgewogene Balance von Gesundheit, Privatsphäre und Beruf aufbauen. Achten Sie auf Ihren Körper und beherzigen Sie die Warnsignale Ihres Körpers. Nehmen Sie nicht alles wichtig und ernst – gehen Sie lieber ab und zu auf Distanz und lachen Sie lieber über Fehler, als permanent Ärger in sich hineinzufressen.

1.6 Erscheinungs- und Manifestationsformen von Stress

Die positive Eu-Stresskurve ist gekennzeichnet durch:

- Vitalität
- Verbesserung der körperlichen Ausdauer
- Enthusiasmus
- Optimismus
- Gesteigerte Immunabwehr
- Geistige Klarheit
- Zufriedenheit bis Überschwänglichkeit der persönlichen Beziehungen
- Power-Gefühl
- Stärkung der Arbeitsproduktivität
- Glücksgefühl

Überarbeitung, Überanstrengung und Überschätzung der eigenen Energien sind maßgebliche Säulen von chronisch-negativem Stress. Die Herausforderung bei negativem Stress ist, dass Kopfschmerzen, Magenschmerzen, Nackenverspannungen oder Aggressivität nicht als Signale des Körpers ernst genommen und/oder nicht mit dem Phänomen Stress zugeordnet werden. So gehen viele Menschen wöchentlich zur Massage oder nehmen Medikamente gegen eine Magenschleimhautentzündung ein, ändern aber nichts an der stressauslösenden Situation oder in der Bewältigung einer solchen Situation.
Kurzfristige Auswirkungen von Stress können sein:

- Konzentrationsschwierigkeiten, Nervosität und Unruhe
- Vergesslichkeit
- Gedankenkreisen
- Unorganisiertheit
- Fehler
- Schwierigkeit bei ganz einfachen Aufgaben
- Chronische Müdigkeit
- Erschöpfung
- Ausgelaugt sein

Die Stress-Reaktion lässt sich auf vier Ebenen beobachten, die sich gegenseitig beeinflussen und hochschaukeln können:

1. Die kognitive Ebene umfasst die geistig-rationalen Dimensionen wie Denk- und Wahrnehmungsprozesse. Die Wahrnehmung ist eingeschränkt auf die Reize, die den Stress ausgelöst haben.
   - Akut kann es zu einem Black-out kommen (Prüfungssituation!)
   - Denkblockaden und Gedächtnisstörungen
   - Sich im Kreise drehende Gedanken
   - Konzentrationsstörungen
   - Scheuklappeneffekt durch die eingeschränkte Wahrnehmung
   - Auftreten von Albträumen.

2. Die muskuläre Ebene meint all diejenigen Reaktionen, die sich im Bereich unserer Skelettmuskulatur abspielen und der willkürlichen Kontrolle unterliegen. Durch die Anspannungssituation kann es auch leicht zu Verspannungen kommen.
   - Nackenverspannungen
   - Rückenschmerzen
   - Spannungskopfschmerzen
   - Zähneknirschen (den Stress zermahlen)
   - Zucken des Lidwinkels oder anderer Körperteile
   - Fuß- oder Beinwippen

3. Die vegetativ-hormonelle Ebene beschreibt all die Reaktionen, die nicht willkürlich kontrollierbar sind. Dies sind hormonelle Reaktionen sowie Reaktionen des vegetativen Nervensystem und der verbundenen Organe. Stellen Sie sich vor, Sie sollen vor sehr vielen Menschen einen Vortrag halten oder Sie vermuten, dass Ihr Chef Sie deshalb sprechen will, weil er Sie nach der Probezeit nicht übernehmen will. Kennen Sie folgende Reaktionen bei sich selbst?

- Flaues Gefühl in der Magengegend bis hin zu Übelkeit mit Erbrechen und Durchfall
- Magenschleimhautentzündungen und Auftreten von Magen-Darm-Geschwüren
- Kloß oder Frosch im Hals
- Weiche Knie, als wenn der Boden unter den Füßen verschwindet
- Herzklopfen, Herzrhythmusstörungen
- Trockener Mund
- Schwitzen (Hände, Körper, ...)
- Kurzatmigkeit
- Schwindelanfälle
- Infektanfälligkeit (Schwächung des Immunsystems über die neuro-hormonell-immunologische Achse).

4 Die emotionale Ebene charakterisiert alle Gefühle, Stimmungen und Befindlichkeiten. Emotionaler Stress kann sich äußern durch

- Angst, Unsicherheit
- Depressive Verstimmungen und Gemütsschwankungen
- Negativeinstellung, Nervosität und Gereiztheit
- Wut und Aggressivität
- Hilflosigkeit
- Depression bis hin zur Apathie

Jeder von uns hat so seine persönlichen Schwachstellen. So wird beispielsweise jemand, der öfter unter Magen-Darm-Problemen leidet, eher mit Übelkeit bis zu einer Magen-Schleimhautentzündung reagieren, weil ihm der Stress auf den Magen schlägt, als jemand, der eher muskulär und dann zum Beispiel mit Verspannungen der Nackenmuskeln reagiert. Achten Sie bei sich selbst darauf, wo Ihre diesbezüglichen Schwachstellen liegen.
Wie sich die Verknüpfung der jeweiligen Ebenen äußeren können, wird in den Beispielen auf der folgenden Seite veranschaulicht.

Verknüpfung zwischen Stress und Symptomen

Emotional-muskulär-kognitive Ebene:

- Der Druck steigt (äußerlich oder empfundener Druck)
- Persönlichkeitsveränderungen

Emotional-vegetativ-hormonell-muskuläre Ebene:

- Flaues Gefühl in der Magengegend, Übelkeit und Spannungskopfschmerz nach einem sehr anstrengenden Meeting
- Herzklopfen, Nervosität, nächtliches Zähneknirschen durch Probleme am Arbeitsplatz

Stressbedingte Verhaltensreaktionen können sein:

- Nägelkauen
- Verstärkter Alkoholkonsum
- Vermehrtes Essen
- Tabletten- und Drogenkonsum

Langfristige Auswirkungen von Stress können sich äußern durch:

- Massive Beeinträchtigung des Wohlbefindens
- Reizbare Melancholie
- Apathische Gleichgültigkeit
- Ängstlich-unruhige Überaktivität
- Schlaflosigkeit
- Auftreten einer depressiven Grundstimmung
- Psychosomatische Beschwerden und Erkrankungen, z.B.: Nackenverspannungen, Magenschmerzen, Durchfall, Kloß-im-Hals-Gefühl, Rückenschmerzen,
- Reduzierung der sozialen Kompetenz und der sozialen Beziehungen
- Burn-out

Und Sie? Um Ihre Gesundheit zu schützen und die eigene Stress-Gefährdung zu senken, ist es wichtig, rechtzeitig die Stress-Signale zu erkennen. Notieren Sie…!

1.7 SOS-Warnsignale des Körpers

Stress-Symptome unseres Körpers sind Warnsignale. Physiologische Messgeräte geben Hinweise auf den Alarmzustand des Körpers. Häufig genug hören wir von gestressten Managern, die sich im Termindreisprung zwischen Meetings, Mails und Mega-Projekten bewegen und dann durch den Spagat zwischen beruflichen und privaten Anforderungen im Migräneanfall die Grätsche machen.
Grundsätzlich weiß unser Körper sehr genau, wann sein Gleichgewicht gestört ist.

Um diese Balance zu erhalten, müssen wir gut in uns hineinhorchen, um die feinen seismografischen Anzeichen auf der nach oben offenen Richterskala zu hören und zu verstehen.

Sie teilen uns über Symptome mit, wenn es Hinweise auf Störungen des Energiegleichgewichts gibt. Der Körper sendet uns anfangs leise und dezente, später immer deutlichere Signale in Form von Symptomen.

→ Man kann sich diese zunehmenden Signale wie einen „Stress-Strudel", eine Abwärtsspirale vorstellen – betrachten Sie die Abbildung auf der folgenden Doppelseite links.

Maßnahmen: Raus aus der Abwärtsspirale!

Wichtig ist, dass der Strudel unterbrochen wird und gesunde Wege zum gelassenen Re-Balancing gefunden werden.

→ Auch diesen Prozess kann man sich als Spirale vorstellen, und zwar als Aufwärts-, Vergrößerungs- und Entfaltungsspirale, als „Glücks-Spirale" – betrachten Sie dazu ebenfalls die Abbildung auf der folgenden Doppelseite rechts.

Ziel ist eine Erweiterung des eingeschränkten Aktionsradius – zurück zur Ganzheit des Lebens.

Die Stress-Schmerz-Spirale

Traumawirbel

Dauerbelastung durch Stress führt zu einer Schmerzverstärkung und zu einem massiven Energieverlust sowie zur Verselbstständigung des Stresses. „Stress“ hat Mensch.

Stress-Situation

1) Mensch hat Stress
2) Negativ-Energie (Angst-Nervosität-Unruhe)
3) Angst verstärkt den Stress – der Stress verstärkt die Angst
4) Verspannung der Nackenmuskulatur
5) Spüren der Nackenschmerzen
6) Pessimistische Gedanken (Furcht, Sorge)
7) Eingeschränkte körperliche Belastbarkeit
8) Bewegungseinschränkungen zur Schmerzverhinderung
9) lang andauernde negative Emotionen führen zu Depression, Frust, Wut, Erschöpfung
10) Erlernte Hilflosigkeit
11) körperliche Kondition sinkt durch Schonhaltung und führt zu Kraftlosigkeit, sinkende Ausdauer/Kondition, Antriebsarmut
12) Immunsystem wird durch die psycho-neuro-hormonell-immunologische Achse geschwächt Anfälligkeit für Erkrankungen steigt
13) „Stress“ hat Mensch

Entfaltungs-/Entwicklungszyklus bei stressbedingten Nackenschmerzen.

Heilungswirbel

9) Stärkung der Abwehrkraft und der Gesundheit über die psycho-neuro-immonologische Achse.

8) Stärkung der positiven Emotionen / Gedanken

7) Entspannung der Nackenmuskulatur / Schmerzlinderung

6) Wiederaufnahme körperlicher Aktivitäten / raus aus der Schonhaltung

5) Transformation der Emotionen und Gedanken mit der Folge: Optimismus, Erleichterung, Energieschub

4) Entspannung der Nackenmuskulatur und damit Verringerung des Schmerzes

3) Verstehen, dass Nackenschmerzen die Folge von stressbedingten Muskelverspannungen sind

2) Raus aus dem Selbstmitleid und rein in die Eigenverantwortung

1) Direktes Unterbrechen der Abwärtsspirale durch Akzeptanz der Ist-Situation

Von den in Symptomen übersandten Botschaften können wir eine Menge über unsere derzeitige Lebenssituation lernen. Gegebenenfalls müssen wir unsere Lebensführung verändern, um nicht mittel- bis langfristig aus der Balance zu geraten.

> Starke Symptome, wie zum Beispiel Schmerzen, sind SOS-Symptome des Körpers.

In der traditionellen chinesischen Medizin werden die Schmerzen als Schrei des Körpers nach Fließenergie beschrieben. Die Blockierung führt zu den Schmerzen. Der Schmerz ist das körperlich wahrnehmbare äußere Zeichen eines tiefen psychischen inneren Zustands.

Diese SOS-Signale sind wie das Rasseln eines Weckers Lebens-Wachmacher. Sie sind die Anspitzer zur Bewusstseinsschärfung, dass etwas nicht in Ordnung – energetisch nicht in Balance – ist. Insofern liegt in jeder SOS-Botschaft auch eine Chance für eine Veränderung.
SOS heißt „Save our souls". Es geht darum, dass Sie diese Signale ernst nehmen. Wir müssen unseren Körper gut behandeln, damit sich unsere Seele darin wohl fühlen kann. Wenn die Wirbelsäule bei einem Bandscheibenprolaps zur Notrufsäule wird, ist dies ein Zeichen, dass Sie etwas nicht mehr ertragen können. Sie sollten unbedingt handeln.
Das energetische Gleichgewicht ist individuell unterschiedlich. Sie sind der Spezialist Ihres Körpers, Ihrer Lebensführung. Sie müssen als CEO Ihr „inneres Unternehmen" mit allen Energiereserven durch den Alltag des Lebens manövrieren.

Und Sie? Notieren Sie…!

Wenn ich unter Stress stehe, nehme ich folgende Symptome bei mir wahr:
1. ....
2. ....
3. ....

Folgende SOS-Signale habe ich durch meinen Körper wahrgenommen:
1. ....
2. ....
3. ....

Unsere Gefühlswelt hat ein Anrecht darauf, beachtet und gelebt zu werden. Wenn dies nicht geschieht, werden Befehle an den Körper gesendet, damit wir durch den Schmerz erfahren, dass etwas in uns nicht in Ordnung ist.

Wichtig:
Das Ziel ist eine Revision unseres Lebensrhythmus. Wenn wir dies nicht beherzigen, schreitet das Leid in die Tiefen – bis zur Ausprägung von chronischen Erkrankungen.

> Die Wahrnehmung des Leids, die Benutzung des Verstands zur Lokalisation und Zuordnung des Leids sowie die Einsichtsfähigkeit, eine verändernde Notwendigkeit zu bilden sind die Voraussetzung für die eigene Gesundheit und den gesunden Umgang mit Stress.

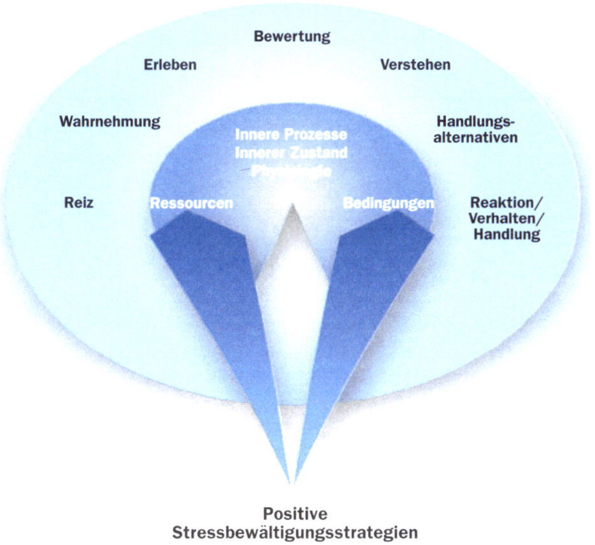

Burn-out

Hintergründe des speziellen Stress-Phänomens

Chronischer Stress in Hochpotenz kann zum Burn-out-Syndrom (Ausgebranntheits-Syndrom) führen. Der Ausdruck wurde 1974 von dem Psychoanalytiker Freudenberger geprägt. Er zeigte, dass es eine Erschöpfung durch Mitgefühl gibt, die gerade Menschen in den helfenden Berufen auffrisst. Eine hohe Gefährdung wird heutzutage bei sozialen und helfenden Berufen, wie zum Beispiel Krankenschwestern, Ärzten, Call-Center-Mitarbeitern, Hausfrauen und Müttern festgestellt.
Insbesondere bei sehr engagiert, ehrgeizig und hart arbeitenden Menschen, die ihre Höchstleistungsgrenzen dauerhaft mit einem Marathon-Workload überschreiten, kommt es zu Aussagen, wie: „Ich fühle mich wie gerädert und bin absolut am Ende meiner Kräfte".
Obwohl offiziell Feierabend ist, ist für viele, die den Tag mit heraushängender Zunge im Laufschritt verbringen, lange noch nicht Schluss mit der Arbeit. Wer zusätzliche Arbeit oder die Tageshektik im Geiste noch mit nach Hause nimmt, ist in Gefahr, innerlich auszubrennen. Geht es Ihnen ebenfalls so?
Schlapp und ausgelaugt können sich viele nach getaner Arbeit nicht einmal mehr in der Freizeit dazu aufraffen, mit der Familie oder Freunden etwas zu unternehmen. Jedes Telefonklingeln oder Nachricht im Radio wird als zu viel empfunden. Ausgelaugt sitzen dann viele vor dem Fernseher und zappen lustlos durch die virtuelle Multikanal-Action-Glitzer-Welt. Der Körper schreit nach Erholung – die Batterie ist nach dem Raubbau der eigenen Energien leer – Rien ne va plus! Menschen, die sich für eine Sache oder Projekt entflammt hatten, sind wie Phosphor ausgebrannt. Dieser mit Motivationsverlust einhergehende Erschöpfungszustand ist ein bedrohliches Symptom, die einer professionellen Unterstützung durch erfahrene und auf diesem Gebiet spezialisierte Therapeuten bedarf.

Dabei sind es nicht körperliche Schwerstarbeit oder gesundheitsgefährdende Substanzen, noch ist es Lärm, der uns am Arbeitsplatz ausbrennen lässt, sondern vielmehr die organisatorischen und zwischenmenschlichen Bedingungen, die uns krank machen. In Japan ist Karoshi – das sich zu Tode arbeiten – verbreitet. Das Burn-out-Syndrom ist diagnostisch schwierig vom Chronic-Fatigue-Syndrom (CFS) abzugrenzen, welches auch mit chronischen Erschöpfungszuständen einhergeht. Dem CFS wird jedoch ein Virus als auslösendes Agens nachgesagt.

> Burn-out bedeutet Selbstausbeutung über die Grenzen der Gesundheitsschädigung, die sich schleichend vollzieht.

Das Ausbrennen ist ein Prozess im Sinne einer Abwärtsspirale, die sich nach Burisch, Koch und Kühn in unterschiedliche Windungen unterteilen lässt, die nicht klar von einander abgrenzbar sind. Vielmehr besteht ein fließender Übergang zwischen den Spiralwindungen, wobei die Reihenfolge der Windungen und der zeitliche Verlauf individuell variieren kann. Je nach Hauptursache für das Burn-out-Syndrom manifestieren sich die Symptome in der Vollausprägung nach 3 bis 30 Monaten. Es ist jedoch sehr schwierig festzustellen, wann der Eintritt in diese Abwärtsspirale beginnt, weil die Betroffenen durch den schleichenden Beginn gar nicht genau merken, dass sie in einen solchen Strudel geraten.

Nicht jede Windung muss zwingend durchlaufen werden. Viele verharren in der Rückzugsphase mit zynischer und selbstmitleidiger Verstimmung.

Die Herausforderung ist die, dass es umso schwieriger ist, den Prozess umzukehren, je weiter dieser fortgeschritten ist.

1.8 Die Abwärtsspirale des Burn-out

Burn-out (Ausbrennen) ist, siehe voranstehende Magazinseite, krank machendes Überengagement, das sich sprialförmig vollzieht.

Einstieg in die Abwärtsspirale

Der Beginn der Abwärtsspirale, der Burn-out-Spirale, ist durch eine Ambivalenz aus hyperaktivem Engagement für ein Projekt, möglicherweise einhergehend mit Gefühlen wie Unentbehrlichkeit und Zeitmangel und andererseits Erschöpfung und Energiemangel gekennzeichnet.

Windung 1: Distanz

Die positive Einstellung, der Spaß und das Engagement bezüglich der Arbeit gehen verloren, es setzt eine Ernüchterung und Widerwillen ein. Diese äußert sich in überlangen Arbeitspausen und Fehlzeiten am Arbeitsplatz. Kompensatorisch wird die Priorität auf private Aktivitäten wie Hobbies und Freizeit, gelegt. Im Umgang mit Kollegen und Kunden besteht eine Verflachung der Emotionen, bisweilen tritt Zynismus auf. Kontakte werden gemieden.

Windung 2: Emotionalisierung

Die Faktoren dieser Windung sind einerseits eine aggressive Komponente, die sich in Vorwürfen, erhöhter Reizbarkeit, Wut, Launenhaftigkeit und Schuldzuweisungen darstellt, andererseits lassen sich Schwankungen der Stimmung, Abstumpfungsgefühle, Leeregefühl, Selbstmitleid, Angst und depressive Verstimmung nachweisen.

Windung 3: Abbau

Die Konzentrations- und Merkfähigkeit nimmt ab, das Organisationsvermögen schwindet, Initiative und Kreativität verflachen. In der Arbeit wird nur noch das Nötigste erledigt.

Windung 4: Desinteressierte Gleichgültigkeit

Die Emotionen sind auf dem Null-Punkt angelangt. Das Interesse an privaten Unternehmungen erlahmt, sportliche Aktivitäten und Hobbies werden aufgegeben, Desinteresse macht sich breit.

Windung 5: Körperliche Symptome

Die gesamte Klaviatur möglicher Somatisierungen kann durchlaufen werden. Beispiele sind: Ohrgeräusche, Ein- und Durchschlafstörungen, Schmerzen in den Muskeln und Gelenken, Magen- und Darmprobleme, Sehstörungen, Schwindel, Herzrhythmusstörungen, Engegefühl in der Brust, Zu- oder Abnahme des Appetits mit nachfolgender Änderung der Essgewohnheiten (vom Schokolade-in-sich-hineinfressen bis zur völligen Nahrungskarenz). Kompensatorisch kann es zu erhöhtem Alkohol- und Medikamentenkonsum kommen.

Windung 6: Rien ne va plus

Maximal negative Einstellung zum eigenen Leben. Sinnlosigkeit, Angst, Verzweiflung, existenzielle Bedrohung, Suizidgedanken. Es wird kein Ausweg mehr gesehen. Der Alkohol- und Tablettenkonsum kann weiter zunehmen.

Die Kennzeichen und Erkennungsmerkmale sind nicht immer eindeutig. Zudem wird durch Verleugnungs- und Verdrängungsmechanismen ein schneller Ausstieg aus der Burn-out-Spirale verhindert.

Einstellungen und Werte spielen bei Personen, die ins Burn-out gerutscht sind, eine große Rolle. Besonders sind folgende Personen für das Burn-out-Syndrom prädestiniert:

- Perfektionisten
- Menschen, die sich mehr vornehmen, als sie eigentlich schaffen können
- Personen, die die Messlatte der Ansprüche an sich selbst und andere viel zu hoch legen

- Persönlichkeiten, die sehr starr und dogmatisch in ihren Ansichten sind
- Menschen, die nie NEIN sagen können und sich für andere aufopfern
- Mitarbeiter, die den Aufwand in Projekten unterschätzen, Meilensteine zu eng setzen und zu wenig Pufferzeiten einräumen
- Menschen, die überoptimistisch in die Zukunft sehen und so die Aussichten auf Erfolge zu hoch einschätzen, ohne die Risiken realistisch mit einbezogen zu haben.

Das Burn-out-Syndrom ist eine Extremvariante erlebten Dauerstresses.

Und Sie? Wenn Sie betroffen sind, versuchen Sie es keinesfalls allein! Wichtig ist, dass mithilfe versierter Therapeuten diese Abwärtsspirale durchbrochen wird und mithilfe verhaltensändernder Methoden und ganzheitlicher Balance-Konzepte wieder ein sinnvolles und der jeweiligen Person entsprechendes Leben nach eigenen Maßstäben gelebt werden kann.

1.9 Stress in Organisationen und Unternehmen

Der Umgang mit Stress in Organisationen und Unternehmen ist ein Trend-Thema. Die Stimmung in der Wirtschaft ist angespannter denn je. Viele Menschen fühlen sich vom Stress überrollt, gehetzt, ausgelaugt, frustriert und enttäuscht. Nicht nur Erwartungen von Vorgesetzten und Mitarbeiter erhöhen den Druck auf den jeweiligen Mitarbeiter – unabhängig von der hierarchischen Position. Termindruck, wechselnde Zeitzonen und häufige Besprechungen lassen Stress zu einem gefährlichen Killer-Element für die Profitabilität und die Motivation einer Organisation oder Firma sowie des eigenen „inneren" Unternehmens werden.
Meist geht es um die bioklimatischen Faktoren in den Unternehmen, die Stress erzeugen – für eine Abteilung und den Einzelnen:

- Divergierende oder mehrdeutige Ziele
- Unklare oder unausgesprochene Erwartungen
- Ungenügende Erfolgskriterien
- Fehlende Einfluss- oder Entscheidungsmöglichkeiten bei gestiegener Verantwortung
- Zu viele Aufgaben
- Aktivitäten anstatt Aufgaben (operative Hektik)
- Ungenügende Autonomie der Arbeitsplatzgestaltung
- Kommunikationsüberflutung (Mails, Con-Calls, mobiles Telefon, Meetings, Video-Konferenzen, Fremdsprachen)
- Zeitprobleme (Jetlag, häufiges Reisen…)
- Kein selbst bestimmter Umgang mit der eigenen Zeit – Faktor Fremdbestimmung
- Fehlendes Vertrauen – gegenüber dem Chef und den Kollegen
- Mangelnder Respekt
- Ungenügende Anerkennung
- Kein oder kein ausreichendes Feed-back zu eigenen Arbeitsergebnissen
- Kulturelle oder sprachliche Unterschiede
- Orientierungslosigkeit in Umbruchphasen
- Rollenkonflikte oder Rollenunsicherheit
- Trennung von der Familie durch zweiten Wohnsitz oder häufige Reisen
- Angst
- Kränkung
- Mobbing

Fehlzeiten in Unternehmen, Produktivitätsausfall und Personalfluktuation sind harte Kriterien hierfür.

Die Flut an Informationen und kommunikativen Herausforderungen ist längst nicht mehr zu bewältigen. Bei mehr als 50 Mails täglich bräuchte ein normaler Angestellter mehr als einen Tag, um allein alle Mails zu lesen oder gewissenhaft zu beantworten. Dabei sind die Mails ein „on-top“ Erfordernis zum normalen Job.

Es fällt immer schwerer, konsequent Prioritäten zu setzen. So sind Arbeitsbesprechungen in Firmen teilweise so schlecht organisiert, dass es weder eine Tagesordnung, noch ein Ziel für die Besprechung gibt – es herrscht hektischer Stillstand. Konsequenz in einer weltbekannten IT-Firma: Die Mitarbeiter bearbeiten in den Besprechungen ihre Mails. Das Verbindungskabel zum Internet wird zur Nabelschnur des Lebens.
Neben dem Arbeiten im Hamsterrad hängt das Damoklesschwert der Ungewissheit und der Angst, wie lange noch der eigene Arbeitsplatz exisitieren wird. „Einmal Siemens, immer Siemens" – gilt schon lang nicht mehr. Jeder andere große Firmenname ließe sich für diesen Spruch einsetzen. Die Mehrheit der Mitarbeiter ist sich noch nicht im Klaren, dass ihnen der einst sichere Boden ihrer Lebensplanung unter den Füßen zusammengebrochen ist und dass das darauf gebaute Haus wie ein Kartenhaus zusammenzuklappen droht. Lebensentwürfe auf Sand gebaut.
High Demand – low control: Es besteht einerseits eine sehr hohe Fremdbestimmung – sei es durch Vorgesetzte, Kunden oder Erwartungen anderer – andererseits jedoch kaum oder keine Möglichkeit, die Kontrolle für den Prozess oder das Ergebnis zu übernehmen, da diese außerhalb des eigenen Entscheidungsbereichs liegt. So werden beispielsweise in Zielvereinbarungsgesprächen dem Sales-Mitarbeiter in IT-Unternehmen Verkaufszahlen vorgeschrieben, die völlig unrealistisch sind, da sich die Rahmenbedingungen im Zielvereinbarungszeitraum komplett verändern. Der Mitarbeiter kann gar nichts dafür, dass sich die Rahmenbedingungen ändern, kann aber die gesteckten Ziele nicht erreichen. Wenn die Erwartungen jedoch nicht zu 100% erfüllt werden, muss der Mitarbeiter gehen. Der Stress ist daher immens.

Leben in Umbruchzeiten

Insbesondere nach Firmenfusionen oder Geschäftsprozess-Reorganisationen herrscht häufig Orientierungslosigkeit in der Umbruchphase. Die Sicherheit ist weg. Im Zeitalter schneller

kommender Kündigungswellen geht die Angst um. Die Ellenbogen werden ausgefahren und die Betriebstemperatur sinkt auf den Nullpunkt.
Auswirkungen, wie innere Kündigungen, sind an der Tagesordnung. Diese betriebswirtschaftlichen Schäden und Produktivitätsausfälle könnten proaktiv abgestellt werden, indem Bedingungen geschaffen werden, in denen die Mitarbeiter ihren Potenzialen entsprechend adäquater arbeiten können sowie Handlungsspielraum und Eigenverantwortung gestärkt werden sowie die Themen Mitarbeiterführung, gegenseitiger Respekt und Vertrauenskultur keine Lippenbekenntnisse sind.

Prävention und Prophylaxe

Durch geeignete Präventionsmaßnahmen in der betrieblichen Gesundheitsförderung oder in der konsequenten Umsetzung von Gesundheitsmanagementprogrammen für gesunde oder erkrankte Mitarbeiter können nachhaltige Effekte der Unternehmensgesundheit – unter anderem durch eine bessere Stressbewältigung – generiert werden.

Mobbing – wenn der leitende zum leidenden Angestellten wird

Es handelt sich beim Mobbing um negative kommunikative Handlungen gegen eine Person analog einer Täter-Opfer-Beziehung, die sich durch systematische Schikanen, Erniedrigungen durch Beleidigung, Gerüchte oder Isolation bis hin zu körperlicher Gewalt äußern kann.
Insbesondere in Zeiten des Umbruchs, zum Beispiel bei Reorganisationen von Abteilungen und Firmenfusionen, ändern sich Rollen und Positionen in den Abteilungen. Durch die Änderungen der Merkmale der Arbeitsorganisation, der Aufgabengestaltung und der Führung von Teams oder Unternehmen ändern sich auch Ablauforganisation und Aufstiegs- und Überlebenschancen – der ideale Nährboden für Mobbing. So wird die Arbeit schnell zum Überlebenskampf. Das Spektrum, wie sich Mobbing äußern kann, ist vielfältig.

Nach Leymann werden folgende Dimensionen des Mobbing unterschieden:

1. Angriffe auf das soziale Ansehen
   Diese können sich durch Gerüchte, Intrigen, sich über den Anderen lustig machen, Imitation der Stimme oder eines Verhaltens oder sexuelle Annäherungen äußern.
2. Angriffe auf die sozialen Beziehungen
   Isolation und Ignorierung sind die Hauptfaktoren in dieser Kategorie.
3. Angriffe auf die Möglichkeiten, sich mitzuteilen
   Ständige Kritik, Unterbrechungen, Telefonterror, Drohungen und Maßregelungen sind Beispiele aus diesem Bereich. Demütigungen oder Zurechtweisungen vor anderen sind besonders schwere Formen.
4. Angriffe auf die Qualität der Berufs- und Lebenssituation
   Zuweisung von sinnlosen Aufgaben, Aufgaben unterhalb des eigenen Könnens, beleidigende oder kränkende Aufgaben sind Hinweise auf Mobbing durch Angriffe in dieser Sparte.
5. Angriffe auf die Gesundheit
   Diese Dimension ist die härteste Stufe des Mobbings. Sie äußert sich beispielsweise durch die Androhung körperlicher Gewalt, Ausübung von körperlicher Gewalt oder sexuellen Handgreiflichkeiten, physischen Schaden am Arbeitsplatz, Auto oder der Wohnung des Mitarbeiters.

Beispiel

Unter Wissenschaftlern, die gemeinsam in einem Labor, jedoch in konkurrierenden Teams gearbeitet haben, wurde nachts der PH-Wert von Flüssigkeiten verändert, Enzymlösungen wurden durch Wasser ersetzt, elektrische Geräte und PC wurden zerstört. Hinzu kam, dass Verleumdungen über den Leiter des Teams verbreitet wurden.

Als Instrument der Personalführung mit fiesen Mitteln kann Mobbing eingesetzt werden, um Mitarbeitern die Kündigung nahe zu legen.

1.10 Der Preis/Kosten des Stresses

Nach Meldung des Bundesgesundheitsministeriums hat der Krankenstand unter den Mitgliedern der gesetzlichen Krankenkassen im Jahr 2002 mit 3,66 % einen neuen Tiefstand erreicht. 1995 betrugen die Krankenstände noch 5,08 %, 2002 noch 4,02 %. Der neuerliche Rückgang wird von Experten damit erklärt, dass viele Mitarbeiter derzeit um ihren Arbeitsplatz bangen und aus diesem Grund auch mit leichten Erkrankungen zur Arbeit gehen. Andererseits werden depressive Störungen immer häufiger diagnostiziert. Von je 100 erwerbstätigen Männern und Frauen in Deutschland waren im Jahr 2000 1,36 Frauen und 0,58 Männer wegen Depression arbeitsunfähig. 2002 stieg die Zahl bereits auf 1,46 Frauen und 0,64 Männer. Der DAK Gesundheitsreport 2002 registrierte innerhalb von knapp vier Jahren eine Erhöhung der Krankheitstage um die Hälfte aufgrund psychischer Störungen.

Beispiele

2003 wurde in einem weltweit agierenden IT-Unternehmen in der deutschen GmbH knapp 1/3 der Mitarbeiter in der Kundenbetreuung abgebaut – die Zahl der zu betreuenden Projekte blieb jedoch gleich. In den Gängen der Mitarbeiterbüros herrscht neben dem Grundstöhnen wegen der Überlastung resignative und zynische Grabesstimmung. In der Pharma-Industrie, bei großen Elektrokonzernen, Telekom, Post, Bahn und den Banken werden und wurden bereits viele Tausende von Mitarbeitern entlassen.

Nach einer Umfrage des Instituts für Arbeitsmarkt und Berufsforschung (IAB) aus dem Jahre 1999 wurde belegt, dass über 50 % der Erwerbstätigen fast ständig unter hohem Leistungs- und Termindruck stehen. Ein Fünftel gab an, bis an die Grenze der Leistungsfähigkeit arbeiten zu müssen. Die Techniker Krankenkasse in Hamburg hat auf die Gesamtbevölkerung der Bundesrepublik Deutschland hochgerechnet, dass sich dadurch 18 Millionen Fehltage am Arbeitsplatz ergäben. Mehr als jede 10. Frau und jeder 20. Mann erhielten seit dem Jahr 2000 mindestens einmal ein Medikament gegen Depressionen.

Diejenigen, die unter ständigem Termindruck arbeiten müssen und zusätzlich die Arbeit derer schultern müssen, die nach der letzten Kündigungswelle gerade entlassen wurden, haben neben dem erhöhten Stresspegel durch das vermehrte Arbeitspensum auch die Unsicherheit und Angst zu bewältigen, dass sie vielleicht die Nächsten sein könnten, die sich in das Heer der Arbeitslosen einreihen dürfen. Die Faktoren Angst, Unsicherheit und Stress potenzieren sich noch in ihrer Wirkung. Die monetären Auswirkungen sind enorm.

Kränkung und Krankheit haben den gleichen Wortstamm. Arbeit macht Spaß oder krank – unter diesem Motto müssen wir unsere Arbeit neu bewerten. Vermehrter Stress, Angst und Verunsicherung können nicht zu Höchstleistungen der Mitarbeiter führen – im Gegenteil: Die immer stärker unter Druck gesetzten Mitarbeiter reagieren in ihrem „inneren Unternehmen" mit Bluthochdruck, der Stress schlägt auf den Magen-Darm-Trakt und die Anspannung und Arbeitslast führen zu unerträglichen Nacken- und Rückenleiden. Schlaflosigkeit und Konzentrationsstörungen, Ohrgeräusche und Burn-out nehmen zu.

Volkswirtschaftlich bedeuten diese Symptome einen Verlust in Milliardenhöhe. Lediglich die Rehabilitation von Rückenleiden verschlingt jährlich 18 Milliarden Euro. Nach Aussagen namhafter Arbeitswissenschaftler sind ungefähr ein Drittel berufsbedingt psychogen.

In Deutschland sind nach Einschätzungen einer Hamburger Krankenkasse etwa 1,5 Millionen Menschen im Alter von 18 bis 59Jahren tablettenabhängig. Zwei Drittel davon sind Frauen. Die Medikamentenabhängigkeit ist im Vergleich zu anderen Süchten eher unauffällig, da sie für Außenstehende nur schwer zu erkennen ist.

Die Dunkelziffer der Kosten durch Arbeitsunfälle, Arbeitsausfälle, Krankheiten, Demotivation, Alkohol, Mobbing ist sehr hoch. Die geschätzte Häufigkeit von Mobbingopfern in Deutschland beläuft sich zwischen 300000 und 1 Million. Die Kosten, die der Gesellschaft durch die Folgen entstehen, sind enorm.

Auf den Punkt gebracht

- Eine Stress-Reaktion ist die Antwort unseres Körpers auf ein Stress-Ereignis und setzt sich aus vielfältigen Kombinationen von Reaktionen auf physiologisch-hormoneller, muskulärer, emotionaler und kognitiver Ebene zusammen. Stress fordert unseren Körper heraus. Entweder die Situationen werden bewältigt oder gemeistert oder der Körper wird vom Stress besiegt. Wir können Stress als Lebenselixir oder Sargnagel wahrnehmen – auf den Blickwinkel kommt es an. In einer akuten Stress-Situation haben Sie Stress! Sie können den Stress leicht bewältigen. Bei chronischem Stress hat der Stress Sie! Dauert der Stress zu lange an, so werden die immer wieder anflutenden Stresshormone zu einer enormen Gefahr für unsere geistige, körperliche und emotionale Integrität.
- Stress kann jeden treffen, in jedem Alter. Die traurigen Fakten: Die Folgeerkrankungen von Stress können von Nervosität, Aggressionen, Schlafstörungen bis zu schweren Folgeerkrankungen wie Depressionen, Magen- und Rückenschmerzen sowie dem Burn-out-Syndrom variieren und in der Intensität sehr unterschiedlich sein. Die gute Nachricht: Stressfolgen können vermieden werden. Das bedeutet, dass ein frühzeitiges Erkennen der Symptome, ein adäquater Umgang mit Stress, das Anwenden von Stressbewältigungsstrategien und präventive Maßnahmen von großer Bedeutung sind. Denn rechtzeitig erkannt, sind Folgeerkrankungen vermeidbar.
- Nur wenn Sie gesund sind, können Sie zur Wertschöpfung und Profitabilität des eigenen „inneren Unternehmens“ und des Unternehmens, in dem Sie arbeiten, beitragen. Daher spielen der Kostenfaktor von Stress, z.B. durch Mobbing, innere Kündigung, Erkrankung sowie deren Auswirkungen (Produktivitäts-, Motivationsverluste) in Organisationen eine große Rolle. Stress ist nicht nur ein Problem einzelner Mitarbeiter sondern auch des Unternehmens.

2 Ursachen und (Hinter-) Gründe

Die Stress-Inventur

Die Stress-Inventur ist eine der wichtigsten Voraussetzungen zum Umgang mit dem Stress, zur Stress-Bewältigung und zur Weichenstellung auf einem Weg zu mehr Gelassenheit.

Wir wissen, dass jeder Weg mit dem 1. Schritt anfängt – Stressbewältigung ist ein Prozess, kein An-Aus-Schalter.

Um den ersten Schritt machen zu können, müssen Sie Ihre Stressauslöser und Stressoren kennen und verstehen lernen. Im zweiten Schritt wollen wir uns mit Maßnahmen und Strategien sowie Bewältigungsmöglichkeiten beschäftigen, bevor wir uns dann (in späteren Kapiteln) den präventiven Möglichkeiten und Ausgleichsfunktionen zuwenden können.
Im Folgenden wollen wir uns den Merkmalen von Stress widmen – was stresst Sie, was macht Ihnen Druck, was macht Ihnen wirklich Spaß?

Uhrzeit	**Tätigkeit**	**Symptome / Wahrnehmung**
8.25	Erarbeiten eines Konzepts am PC. Kollege Brandis betritt den Raum und erzählt, was er so am Wochenende gemacht hat	Nackenmuskulatur verspannt sich schlagartig
14.05	Gert sitzt seit 5 Min. im Besprechungsraum und wartet , dass alle zur Abteilungsbesprechung kommen, die um 14.00 hätte beginnen sollen	Ärger und Wut über die Unpünktlichkeit der Kollegen

2.1 Stress-Protokoll

Wir schreiten zur Tat.

✎ *Nehmen Sie sich ein Din A4 Blatt Papier, legen Sie es quer vor sich hin und legen Sie eine Tabelle nach dem Muster im untenstehenden Beispiel an!*

Das Stress-Protokoll bietet Ihnen umfangreiche Einsicht, Ihre tägliche Arbeits- und Lebenssituation besser zu verstehen und genau zu analysieren, wann sich der Stress wie bemerkbar macht – zum Beispiel durch körperliche Symptome. Schreiben Sie ebenfalls auf, was Sie gemacht haben, als Sie den Stress bemerkt haben. Sinnvollerweise sollten Sie dieses Protokoll drei bis vier Tage lang führen.

Fallbeispiel: Das Stress-Protokoll von Gert Knauer

Gert ist in einem europäischen Team eines internationalen IT-Konzerns als Projektleiter für Change Management im Bereich Versicherungen verantwortlich. Der Druck auf Gert ist enorm – sein Vertriebs-Chef hat gegenüber dem Vorstand „quick-wins" – also Erfolge in kürzester Zeit – verkündet. Die Änderungsbereitschaft innerhalb der Teams jedoch ist minimal.

Reaktion	Bemerkung
Gert hört nur halb zu, was der Kollege sagt und tippt einfach weiter.	Keine Lösung des Problems; proaktiv könnte sich Gert mit Brandis zu einer kurzen Kaffeepause verabreden und ihm sagen, dass er unter Termindruck steht und erst das Konzept beenden möchte
Gert begrüßt die eintreffenden Kollegen mürrisch	Gert kommt beim nächsten Mal selbst zu spät und beobachtet, was passiert, macht während des Wartens Mails. Oder: Er spricht die Kollegen an, ob die Besprechung später anfangen oder ganz ausfallen kann.

Uhrzeit	Tätigkeit	Symptome/ Wahrnehmung
14.17	Die Abteilungsbesprechung hat begonnen. Der Abteilungsleiter bestimmt Gert das Protokoll zu schreiben	Magendruck
18.00	Conference-Call des Sales-Teams auf Europa-Ebene Die deutschen Kollegen haben keine Fortschritte erzielen können	Herzklopfen als Gert gebeten wird, über die Fortschritte des deutschen Sales-Teams im Bereich Transport zu berichten
19.15	Gert ist dabei, gerade den Schreibtisch aufzuräumen, um nach Hause zu gehen, als ihn sein Vertriebs-Chef anruft und ihn bittet, ihm bis morgen früh einen Vortrag vorzubereiten	Verzweiflung, Gert hat Angst, abzulehnen, da er noch in der Probezeit ist

Vorläufe Auswertung

- Bei Gert Knauer ist auffällig, dass er mit Stress-Symptomen reagiert, sobald sein Kollege Brandis den Raum betritt.
- Er empfindet sich als Opfer der Umstände, wird aber nicht proaktiv, um Dinge wirklich zu ändern.
- Er frisst die Dinge in sich hinein, reagiert mit Angst und körperlichen Symptomen.
- Er lässt sich immer mehr Arbeit aufhalsen, ohne ein STOPP-Signal nach außen zu zeigen.

Und Sie? Wie reagieren Sie auf Stress? Diese Frage sollen Sie an dieser Stelle nicht einfach beantworten, sondern wir wenden uns im nächsten Abschnitt einer Methode zu, wie Sie für sich selbst eine gründlichere „Stress-Inventur“ durchführen können.

Reaktion	Bemerkung
Selbstmitleid – schon wieder ich – auch das noch – als wenn ich nicht genug zu tun hätte	Spielerisch geht alles leichter: Gert zückt einen Würfel und sagt: Lasst uns würfeln, wer heute das Protokoll schreibt – die höchste Zahl gewinnt
Gert berichtet über gemeinsame Gespräche und Aktivitäten und redet um den heißen Brei herum	Gert steht in der Verantwortung für Veränderungsprozesse, ohne die Einflussmöglichkeiten oder Direktive auf das deutsche Team zu haben
Gert bleibt freundlich, stöhnt aber am Telefon.	Pflichtbewusstsein muss seine Grenzen haben

2.2 Stress- Inventur

Wir wollen die Dimensionen herausarbeiten, die Ihnen Energie geben und die, die Ihnen – wie ein Energievampir – die Energie rauben und bei Ihnen Stress hervorrufen. Definieren Sie, welche Lebensbereiche Sie als Energiegewinn empfinden und welche Ihnen Energie abziehen. Wichtig ist dabei, den Zeitanteil mit zu berücksichtigen.
Als erstes definieren Sie die Anteile, aus denen Ihr Leben besteht (zum Beispiel Beruf, Familie, Sport, etc.).

✎ *Legen Sie hierzu ein Din A4 Blatt quer vor sich und zeichnen Sie in einem Balkendiagramm die Zeiten in Stunden für die jeweiligen Anteile Ihres Lebens auf.*

Wie das genauer gemeint ist, ersehen Sie gleich aus dem abgedruckten Fallbeispiel.
Teilen Sie zudem das Balkendiagramm in einen positiven Energiebereich (Balken nach rechts = Energiegewinn) und einen negativen Energiebereich (Balken nach links = Energieverlust = Stress).

So kann es sein, dass ein Balken beispielsweise von –8 bis +3 geht (Arbeit wird oft negativ bewertet, manchmal macht sie aber auch Spaß). Die Anzahl der Stunden zeigt die Wertigkeit der Tätigkeit in Bezug auf die Zeit.

Fallbeispiel: Wöchentlicher Zeitbedarf von Regina Kedings

Regina arbeit als Beraterin in einer internationalen Wirtschaftsprüfungsgesellschaft. Sie notiert für sich folgende Zeitaufteilung pro Woche:

Berufliche Arbeitszeit	45 Stunden
Familie/Kinder	15 Stunden
Sport	1 Stunde
Zeit für mich selbst	1 Stunde
Leiten der Tanzgruppe	5 Stunden
Aerobic Kurs	3 Stunden
Einkaufen am Wochenende	3 Stunden
Bügeln	2 Stunden
Staubsaugen	1,5 Stunden

Ihre Stress-Bewertung sieht wie folgt aus:

Tägliche Arbeit	– 8 bis +3
Familie / Kinder	–1 bis +5
Sport	+3 bis +8
Zeit für mich selbst	+3 bis + 8
Leiten der Tanzgruppe	+2 bis +10
Aerobic Kurs	–1 bis +5
Einkaufen am Wochenende	–3 bis +1
Bügeln	–10 bis -9
Staubsaugen	–1 bis + 1

Nachstehend ist dies, wie oben in der Aufgabe gefordert, in ein Balkendiagramm umgesetzt.

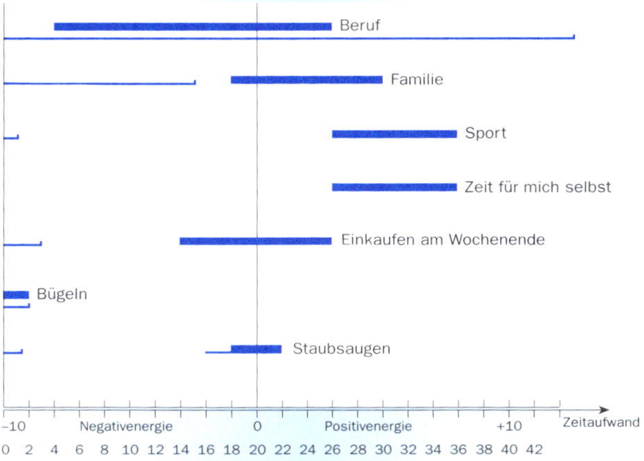

Das Erleben und Bewerten von Stress-Situationen ist individuell unterschiedlich und ist abhängig von Kultur, Wissen, Erfahrung, Konstitution und dem Beherrschen von Stress-Bewältigungsstrategien.

Die Globalisierung trägt zu neuen Stressoren bei. Jetlag, Kulturunterschiede, sprachliche Barrieren in internationalen Teams, Telefonkonferenzen zur Nachtzeit (Gespräche mit Kollegen in den USA oder Asien) und jederzeitige und globale Erreichbarkeit sowie Verfügbarkeit über Mails, Handy und Telefon sorgen für Stressoren, die es bisher nicht gab. Je nach Persönlichkeit jedoch variieren die Einschätzungen individuell. Der eine freut sich über viele Mails und Anrufe und ist gern auf Reisen, der andere empfindet diese Dinge als unerträglich. Gerade die kleinen Ärgernisse sind Hauptfaktoren bei der Entstehung von Stressfolge-Schäden.

Eine Möglichkeit, den Grad der persönlichen Stressintensität herauszufinden, bietet folgende Fragenliste, die Sie beliebig ergänzen können (bevor Sie diese ausfüllen lesen Sie aber bitte die Anleitung auf der dann folgenden Seite):

Fragebogen zur Stressintensität	Bewertung/ Gewichtung	Anzahl des Auftretens	Stärke des Auftretens	Dauer des Auftretens	Stress-Intensität	**Produkt**
Kinder- oder Babygeschrei						
Lärm am Arbeitsplatz						
Autolärm						
Unangenehme Gerüche						
Unausgesprochene Erwartungen						
Verantwortung ohne Einflussnahmemöglichkeit						
Vom Chef angebrüllt zu werden						
Unterbrochen zu werden						
Ignoriert zu werden						
Ungerechtfertigte Kritik						
Intrigen						
Konflikt mit Kollegen						
Konflikt mit Eltern						
Konflikt mit Lebenspartner						
Konflikt mit Freunden						
Termindruck						
Sehr frühes Aufstehen						
Sehr langes Arbeiten						
Permanenter Wechsel von Prioritäten						
Sehr viele Mails						
Sehr viele Termine						
Sehr viele Flug-, Zug-oder Dienstreisen mit dem Auto						
Permanente Erreichbarkeit (Handy, Mail, Telefon)						

	Bewertung/ Gewichtung	Anzahl des Auftretens	Stärke des Auftretens	Dauer des Auftretens	Stress-Intensität	**Produkt**
Jetlag nach Auslandsreisen						
Sprachschwierigkeiten						
Kulturelle Schwierigkeiten						
Unsicherheit des Arbeitsplatzes						
Enttäuschungen						
Restrukturierung der Firma mit neuem Aufgabengebiet						
Introvertiertheit						
Schlafmangel						
Drohungen						
Rollenkonflikte						
Hohe Ausgaben						
Unfälle						
Krankheit						
Trennungssituation						
Fehlende sportliche Betätigung						
Veränderung des Essverhaltens						
Übermäßiger Alkoholgenuss						
Übermäßigier Medikamentenkonsum						
Übermäßiger Zigarettenkonsum						
Todesfall in der Familie						

Anleitung zum Ausfüllen des Fragebogens:

Bewerten Sie in den fünf Spalten jeweils wie mit Schulnoten von 1 bis 6:

Stressfaktor nach seiner Wichtigkeit/Priorität in Spalte 2:

Stört mich nicht	= 1
Stört mich sehr wenig	= 2
Stört mich ab und zu	= 3
Stört mich	= 4
Stört mich sehr	= 5
Stört mich ganz extrem	= 6

Häufigkeit des Auftretens in der Spalte 3 :

Tritt eigentlich nie auf	= 1
Tritt sehr selten auf	= 2
Tritt ab und zu auf	= 3
Tritt mehrmals auf	= 4
Tritt sehr häufig auf	= 5
Tritt andauernd auf	= 6

Stärke des Auftretens des Stressfaktors in Spalte 4:

Nicht nachweisbar	= 1
Sehr schwach	= 2
Schwach	= 3
Stark	= 4
Sehr stark	= 5
Extrem stark	= 6

Dauer des Auftretens des Stressfaktors in Spalte 5:

Kaum merkbar	= 1
Sehr kurz	= 2
Kurz	= 3
Länger anhaltend	= 4
Lang	= 5
Sehr lang	= 6

Auswertung:

Multiplizieren Sie die Note in der Spalte 2 bis 5. Das Ergebnis tragen Sie dann in die Spalte 6 der Tabelle. Je höher der Wert, desto eher müssen Sie etwas hinsichtlich des betreffenden Faktors ändern – sich selbst, die Situation oder etwas anderes machen (love it, change it, leave it).
Ein kleiner Hinweis : Es kommt hier natürlich nicht auf das genaue Rechnen an, man könnte auch im Einzelnen anders vorgehen. In der Multiplikation steckt aber mathematisch, dass sich Faktoren potenzieren: Ein häufig auftretender Stressor, der auch noch stark auftritt, wirkt nicht nur doppelt (= Addition), sondern im Verhältnis stärker.

> Wichtig ist, dass Sie Ihre größten Stress-Faktoren herausfinden.

Notieren Sie diese und reflektieren Sie Ihr Befinden.

✎ *Meine größten Stress-Faktoren sind:*

1.
2.
3.

...

Wenn ich unter Stress leide, fühle ich mich ...

____

____

____

____

Die Stress-Intensität hängt jedoch neben der Bewertung und der Anzahl des Auftretens sowie dessen Dauer und Stärke vor allem davon ab, welche Erfahrungen Sie mit einer ähnlichen Situation gemacht haben. Ihre Bewertung und Handlung werden maßgeblich davon abhängen.

2.3 Dem Dis-Stress auf der Spur – Ihre Energieräuber

Folgende Dinge können Ihnen die Energie abziehen und damit den Nährboden für Stress-Situationen erzeugen:

- Fremd- und Selbstausbeutung,
- Permanente Hektik,
- Unordnung, Unorganisiertheit,
- Erwartungshaltungen,
- Kritik der anderen,
- Zielkonflikte, Rollenkonflikte, Konflikte überhaupt,
- Angst.

Und Sie? Was sind Ihre größten Energie-Räuber?

___

___

___

Fallbeispiel: Jochen Riebecke

Jochen hat die ganze Skala der Nebenwirkungen am eigenen Leib erlebt. Seit 17 Jahren arbeitet er als Bauprojektleiter in einem Ingenieurbüro. Er empfindet das Leben als Großbaustelle, auf der Tag und Nacht gearbeitet werden muss. Termindruck, Zwänge, unterschiedliche Rollen und Erwartungen – und alle Rollen muss er auch noch selbst spielen.

Im gesellschaftlichen Neunzehnkampf hechtet er als Bauleiter, Teamkollege, Ehemann, Vater, Sohn, Freund, Sportler, Bandmitglied, Elternratssprecher, Seelentröster, Chauffeur für Kinder, Hunde-Gassi-Geher, Hobby-Gärtner, Tankwart des Familienfuhrparks, Hobby-Pizza-Bäcker, Nachbarstreits-Mediator, Entertainer im Freundeskreis, Steuerzahler und IKEA-Schrank-Zusammenschrauber über die Hürden des Alltags, bevor er abends hundemüde ins Bett fällt.

Das Alltagskorsett wiegt schwer. Wie ein Stein liegt ihm die Arbeit schwer im Magen, weshalb er seit zwei Monaten wegen einer Magenschleimhautentzündung behandelt wird. Pflichtbewusst kann er sich aber jetzt nicht krank melden, er kann die anderen nicht im Stich lassen – da muss er durch. Seit sein Vater seit zwei Wochen mit der Diagnose Magenkrebs im Krankenhaus liegt, kann er nachts kaum mehr einschlafen. Er hat Angst, dass er selbst einmal an Krebs erkranken könnte. Müde schleppt er sich jeden Morgen auf die Baustelle. Seit einer Woche hat er nun fürchterliche Rückenschmerzen, weshalb er sich kaum mehr aufrecht bewegen kann.

Dieses Beispiel macht deutlich, dass die Energiekiller Jochens Energie komplett ausgesaugt haben. Für Jochen ist es wichtig, die Stress-Alarmsymptome seines Körpers ernst zu nehmen, eine Pause einzulegen, Distanz zu schaffen und Aufgaben abzugeben, die er erledigt – weniger ist manchmal mehr!

2.4 Stress und Persönlichkeitstypen

Stress ist in hohem Maße persönlichkeitsabhängig. Daher ist es wichtig, dass Sie Ihr eigenes Persönlichkeitsmuster erkennen. Wie nehmen Sie die Wirklichkeit wahr? Und wie treffen Sie Entscheidungen?

Das sind die zwei Grundmuster, nach denen Carl Gustav Jung versucht hat, Persönlichkeitsmuster zu erkennen. Jung unterscheidet beim Wahrnehmen

- eine persönliche Neigung, die eher aufs Detail achtet, die Aufmerksamkeit auf die konkreten und über die fünf Sinne erfassbaren Daten lenkt auf der einen Seite, und
- die Neigung, sich eher auf die großen Zusammenhänge zu konzentrieren auf der anderen Seite.

Dem Letzteren sind Zukunftsaussichten und Möglichkeiten in der Tendenz wichtiger als die Realität im Hier und Jetzt. Klar, jeder von uns kennt beides. Aber es geht Jung um Tendenzen, die bei dem einen stärker oder schwächer ausgeprägt sind. Logisch, dass sich solche Tendenzen auf Stressreaktionen auswirken: Die einen verlieren sich leichter in den tausend Möglichkeiten und die anderen gehen eher im Sumpf der vielen Details unter.

Beim Entscheiden beschreibt Jung

- die Neigung der einen, die analytisch beurteilen und aus Ursache und Wirkung „das Richtige" finden, und
- die anderen, die eher ein Gespür für die Wertvorstellungen haben und die „gute" Lösung suchen.

Jung führt seine Beschreibungen noch differenzierter aus. Hier trifft zu, dass die jeweils „andere Seite" der eigenen persönlichen Disposition den Treibsatz für Stressverhalten bilden.

Wahrnehmen über die fünf **Sinne**

Entscheiden aufgrund von **Analyse** objektiv

Bei kontrolliertem Stress:
Klammert sich an konkrete Tatsachen, Prinzipien; wird kantig, unnahbar, beharrt auf Logik, Widerstand gegen Veränderung, wird haargenau, Befürchtung von anderen als unfähig angesehen zu werden.

Bei kontrolliertem Stress:
Wird pessimistisch, sucht Hilfe bei anderen, Angst, wichtige Beziehungen zu verlieren, sieht Welt als „kaputt“ an, fühlt sich wertlos, wird selbstkritisch, versucht Status quo auf jeden Fall zu wahren, „die anderen haben Schuld“

Entscheiden aufgrund von **Werten** subjektiv

Bei kontrolliertem Stress:
Wirkt sehr entschieden, sucht Synthesen, versucht alles in die Gesamtansicht hineinzuzwingen, delegiert mehr und mehr Verantwortung, verlangt auf alles eine Antwort, laut, schnell und fordernd, wird intolerant

Bei kontrolliertem Stress:
Konzentriert sich immer mehr auf Authentizität, verbale Ausfälle gegen Erwartungen von außen, Probleme werden zur Plage, entwirft gewaltige Pläne, die Menschheit zu retten, hochsensibel, Selbstzweifel

Wahrnehmen über die Intuition (N)

Unsere Persönlichkeit ist hochkomplex. Solche Radarsysteme, die helfen, Muster im eigenen Persönlichkeitsprofil zu erkennen, sind hilfreich in unübersichtlicher Landschaft, in der Stressoren an jeder Straßenecke lauern. Die beiden Gegensatzpaare lassen sich durch zwei sich kreuzende Achsen darstellen, in die man sich mit seiner Ausprägung der Dimensionen an der richtigen Stelle eintragen kann:

So können Sie vorgehen

Schritt 1: Finden Sie Ihr eigenes Persönlichkeitsprofil heraus. Dabei kann Ihnen die ausführliche und praktische Beschreibung der Jungschen Persönlichkeitstheorie helfen (z.B. nach Bents/Blank, Typisch Mensch, Hogrefe-Verlag). Wenn Sie es präzise wissen wollen, hilft Ihnen eine Selbsteinschätzung mit dem „Profiler of Personality"; dies ist ein Verfahren, das von ausgebildeten Beratern eingesetzt wird.

Schritt 2: Finden Sie heraus, wie sich bei Ihnen in der Regel Stress entwickelt. Stress entwickelt sich dynamisch. Wenn wir unsere Komfortzone verlassen, zeigen sich unsere individuellen Muster. Was Sie selbst als „kontrollierten Stress" erfahren und noch zu einem gewissen Grad selbst steuern können, entwickelt sich – wenn keine Intervention erfolgt – allmählich zu unkontrollierten Verhaltensweisen, wie sie in diesem Buch beschrieben sind.

Schritt 3: Entdecken Sie Ihre persönlichen Motivationsknöpfe. In jedem von uns gibt es „Blockierer" und „Beschleuniger". Auch diese sind bei jedem anders und unterschiedlich.
Anhand einer Motivatorenanalyse (wozu es auch kommerzielle Angebote gibt, siehe www.motivatorenanalyse.com) können Sie sich bewusst machen, was SIE blockiert und damit weiter in den unkontrollierbaren Stress sacken lässt, und was SIE antreibt und Kräfte freisetzt, um sich aus dem gefährlichen Stress-Sog gezielt heraus zu bewegen.

Ein solches Angebot ist beispielsweise die MotivatorenAnalyse®, die professionell als Insrument der Personalentwicklung angeboten wird. Sie gibt praktische Antworten auf Fragen wie:

- Was sind die idealen Rahmenbedingungen, die ich benötige, um nachhaltig hohe Leistung bringen zu können?
- Welche Rahmenbedingungen sollte ich unbedingt ausschalten, weil sie eine leistungsmindernde Wirkung auf mich ausüben?

Und sie bietet darüber hinaus Unterstützung bei Beantwortung von Fragen wie:

- Wie kann ich mich vor Selbst- und Fremdausbeutung schützen?
- Wie gestalte ich mein Arbeitsumfeld so, dass ich die Ziele, die ich mir gesteckt habe, mit dem geringsten Kräfteaufwand erreiche?
- Wie kann ich sicherstellen, dass ich das, was ich gesagt (mir vorgenommen) habe auch wirklich umsetze?

Die „Beschleuniger" sind innere Reaktionsfelder, die eigene Energien freisetzen. Von 13 unterschiedliche „Motivatoren", bei Hochleistungssportlern untersucht und abgeschaut, hat jeder eine Konstellation von 2 oder 3 Motivatoren, die ihn antreiben, und 1 oder 2 Demotivatoren, die Energie abziehen – Blockierer. Weil jeder Mensch unterschiedlich ist, lohnt es sich, über sich selbst nachzudenken.

Was motiviert mich?

____

____

____

Was demotiviert mich?

____

____

____

2.5 Alpha Tiere

In der Wissenschaft gibt es eine Stressverhaltenstypologie. Danach wird der Leistungsehrgeizige als Typ A eingestuft. In den umfangreichen Untersuchungen über Ursache und Wirkung von Arbeitsbelastungen konnte herausgearbeitet werden, dass es eine signifikante Korrelation zwischen bestimmten Verhaltensmustern und der Wahrscheinlichkeit, durch den Stress im Bereich Herz-Kreislauf zu erkranken. Interessanterweise wurde postuliert, dass die Alpha-Typen, eine bis zu sechsmal höhere Gefährdung bezüglich eines Herzinfarktes aufweisen als die Typ B Menschen.

Folgendes Verhalten fällt bei Alpha-Typen auf:

- Extreme Leistungsbereitschaft,
- starkes Konkurrenzverhalten in Teams,
- sind eher Führungsperson als Teamplayer,
- streben nach Macht und Anerkennung,
- Rastlosigkeit und Ungeduld,
- Hektik,
- reagieren möglicherweise nicht adäquat, wenn mal etwas nicht sofort klappt,
- geringe Bereitschaft zum Zuhören,
- lassen andere nicht ausreden und ergänzen deren Sätze,
- sprechen sehr schnell,
- sind stark angespannt oder verspannt,
- ausgeprägtes Verantwortungsgefühl,
- haben starken Wunsch nach Kontrolle,
- arbeiten unter Zeitdruck,
- sind genervt, wenn andere unpünktlich sind,
- laden sich mehr auf als sie leisten können,
- können nicht einfach nichts tun.

Alpha-Typen gehen oftmals über ihre eigenen Leistungsgrenzen, wobei Warnsignale des Körpers nicht wahrgenommen oder unterdrückt werden. Es wird die Maske des jungschwung-dynamischen Alleskönners aufgesetzt.

Alpha-Test zur Selbsteinschätzung

Wie steht es mit Ihnen? Gehören Sie auch zur Spezies der Alpha-Tiere? Der nachfolgende Test gibt hierzu Hinweise. Lesen Sie sich die Fragen in Ruhe durch und kreuzen Sie die Antwort an, die Ihnen Ihrer Meinung nach am ehesten entspricht:

1. Mein Schreibtisch ist eher chaotisch organisiert – ich kann viele Dinge gleichzeitig machen
2. Bei der Arbeit strenge ich mich sehr an
3. Wenn etwas noch erledigt werden muss, obwohl ich eigentlich schon vor einer Stunde nach Hause gehen wollte, mache ich auch das noch
4. Ich will gern der Beste sein – ob im Beruf oder in Freizeitaktivitäten
5. Ich bin gern der Chef und koordiniere gern Teams
6. Ein Firmenwagen und eine herausragende Position sind für mich erstrebenswert
7. Ich empfinde es als schrecklich, wenn ich alles dreimal sagen muss und wenn die Kollegen nicht sofort auf den Punkt kommen
8. Ich bin immer unter Strom und leide unter Stress und Hektik
9. Wenn mal etwas nicht sofort klappt, kann ich schon mal wütend werden
10. Meist reicht es mir schon, wenn ich den Anfang eines Satzes höre. Damit es schneller geht, lasse ich andere nicht immer ausreden und ergänze deren Sätze
11. Ich bin Meister des Schnellsprechens
12. Auf meinem Bürostuhl wippe ich oft mit den Beinen
13. Meine Nackenmuskeln sind verspannt
14. Ich fühle mich verantwortlich für die Arbeit meiner Kollegen und habe einen hohen Anspruch an meine eigenen Ziele
15. Meine Mitarbeiter kontrolliere ich, damit die Qualität auch stimmt
16. Ich arbeite häufig unter extremen Zeitdruck
17. Ich bin genervt, wenn Besprechungen nicht pünktlich beginnen
18. Meine Kraft ist grenzenlos
19. Auf der Autobahn fahre ich gern schnell und lass mich nicht gern überholen
20. Im Urlaub kann ich nicht eine Woche lang im Liegestuhl liegen – da brauch ich Action!

Auswertung

Sie tendieren natürlich um so mehr in Richtung Alpha-Typ, je mehr Punkte Sie haben. Und was ist die Lösung? Verkürzt gesagt: Richtig, loslassen und die Dinge gelassener nehmen.

Kreuzen Sie an bzw. tragen Sie die Punkte ein und addieren Sie am Ende zur Gesamtpunktzahl!

	stimmt immer (6 Pkte)	stimmt häufg (4 Pkte)	stimmt ab und zu (2 Pkte)	stimmt gar nicht (0 Pkte)

Das ist selbstredend leichter gesagt als getan, aber dieses Kapitel dient zunächst der Diagnose, den Maßnahmen und Bewältigungsstrategien widmen wir uns im nächsten Kapitel.

Auf den Punkt gebracht

- Eine effektive Stress-Bewältigung erfordert zunächst eine Stress-Inventur, in der wir unser eigenes Handeln und die Verhaltensmuster analysieren. Diese Inventur ist die Voraussetzung dafür, neue Handlungsweisen aufzubauen. Hierbei werden die Tätigkeiten eines Tages in Zeiten aufgelistet und eingeteilt nach Energiekillern und Energieförderern.
  Sehr schnell erkennen Sie, was Ihnen gut tut und was Sie stresst beziehungsweise Ihnen Energie abzieht.

- Das Stress-Protokoll hilft Ihnen, die Tätigkeiten, die Stress hervorrufen, die damit verbundenen Symptome wahrzunehmen und die Reaktion auf den Stress besser nachzuvollziehen.

- Stresstypologisch lässt sich ein besonders stressgefährdeter Personentyp herausarbeiten – der Alpha-Typ. Als besonders ehrzeiger Mitarbeiter ist er auch derjenige, der für Burn-out-Syndrom und Herzerkrankungen besonders gefährdet ist.

- Stress wird je nach Persönlichkeitstyp unterschiedlich empfunden – dementsprechend ist die Bewertung und die nachfolgende Handlung auch unterschiedlich. Wichtig ist, dass Sie für sich selbst Ihren eigenen Weg finden, wie Sie mit Stress umgehen.

3 Maßnahmen und Bewältigungsstrategien

Ganzheitliches Herangehen an Lösungen

Die Ursache für den Stress liegt häufig in uns selbst. Die Schaltzentrale für Ihre Stresssteuerung sind Sie selbst Es gibt kein Standardrezept zum Umgang mit Stress. Wir alle sind unterschiedlich in unserem Persönlichkeitsprofil, geprägt durch Umfeld, Erziehung, Kultur, Erfahrung, Wissen und Einstellung.

> Da wir Stress-Situationen individuell unterschiedlich bewerten und empfinden, bedürfen sie auch individuell maßgeschneiderter Bewältigungsstrategien und Maßnahmenbündel, um wirklich effektiv zu sein.

Durch konkrete Instrumente und prophylaktische Maßnahmen bieten wir Ihnen ein flexibles Repertoire an Modulen zur Stressbewältigung, die Sie nach Ihren individuellen Vorstellungen für sich selbst zusammenstellen können.
Grundsätzlich lassen sich kurzfristige Maßnahmen von mittel- bis langfristigen Veränderungs- und Problemlösungsstrategien abgrenzen. Die Ansatzhebel zum effektiven Umgang mit Stress sind dementsprechend

- bei der Stress-Situation, in dem wir durch Instrumente und Methoden die Erregung drosseln und verhindern, dass wir in die Stress-Spirale einsteigen (siehe Seite 26),
- bei den Stressoren, indem wir die Stress-Situationen vermeiden, minimieren oder ausschalten und
- bei uns selbst, indem wir Methoden zur Problemlösung einsetzen, Verhalten ändern, proaktiv Dinge gestalten, Bewertungen von Stress-Situationen verändern und zu mehr Gelassenheit kommen.

Verschaffen Sie sich zunächst mit dem folgenden Schema einen ersten Überblick von Bewältigungs-/Coping-Strategien.

Techniken

Konflikt- und Problemlösung

- Techniken
- Instrumente
- En-Täuschungen aufdecken
- fair stehen

Aufmerksamkeit, Klarheit

- Aktion freier Kopf
- bewusstes Denken und Entscheiden
- kognitives neu bewerten

Positiver Dreh

- Wie löse ich das Problem?
- Umdenken
- proaktives Handeln
- Realität durch Möglichkeitsbewusstsein erweitern

Selbst-Management

- Projekt- und Prozessmanagement
- Planung
- Zeit-Umgang/Management
- Priorisierung nach Wichtigkeit
- Rollenverständnis/Balance
- Ordnung
- weniger ist manchmal mehr
- Erwartungen
- Kompromissfähigkeit
- Change Management/Wandel/Transformation
- Integration nicht gelebter Anteile

Ziele

- kurz
- mittel
- langfristig
- Lebensziele

Coping/

Ziele

- effektiver
- Prozessorientierter
- lebensnaher
- Sinn-voller

Umgang mit Stress in Balance von Körper, Seele und Geist

Was ist das Gegenteil von Stress? Die in sich ruhende Persönlichkeit, die mit Gelassenheit, Freude und selbst bestimmter Verantwortlichkeit auf ein Geschehen antwortet. Anstatt auf die negative Seite des Problems zu schauen, wollen wir uns vor allem mit der positiven Seite der gleichen Medaille beschäftigen, nämlich wie wir glücklich und gelassen leben können. Dies bedeutet, dass wir nicht problemorientiert, sondern lösungsfokussiert arbeiten wollen, wenn es um das Phänomen Stress geht.

Wichtig ist, dass Sie sich bewusst werden, dass Sie mit chronischem Stress Ihre persönliche Power und Erfolgsaussichten, Beziehungen zu Freunden und Kollegen, Ihre Neugierde und letztlich Ihre Gesundheit aufs Spiel setzen.

> Die Maßnahmen zur Stressbewältigung sollen ganzheitlich dazu beitragen, eine Balance und Integration mithilfe von Lösungsmechanismen und Instrumenten zu ermöglichen.

Zudem kommt es im Wesentlichen auf die eingenommene Perspektive an: Nicht warum habe ich Stress, sondern wie werde ich gelassen und glücklich!

3.1 Akute Sofortmaßnahmen: Distanz als kurzfristige Erleichterung

Als akute Sofortmaßnahme bei Stress-Situationen ist es wichtig, dass Sie die Kupplung treten, bevor der „innere" Motor Schaden nimmt:

- Schaffen Sie Distanz zu der Situation – manchmal genügt es schon, zwei Schritte zurück zu gehen.
- Tief einatmen – langsam ausatmen – ruhig weiteratmen.
- Count-down – get down: Zählen Sie langsam rückwärts von zehn bis null.
- Akzeptieren Sie die Situation, in der Sie sich aktuell befinden: Es ist, wie es ist – und wie es ist, ist es nun mal!

Durch das Treten der Kupplung Ihres „inneren" Motors erreichen Sie, dass die Stress-Last sofort von Ihnen genommen wird. Die innerlichen Erregungsspitzen in Form von Wut, Aggression, Angst werden gebremst. Zudem wird verhindert, dass Sie in die negative Stress-Spirale einsteigen – die Situation schaukelt sich nicht hoch. Durch den Abstand gelingt Ihnen eine bessere und klarere Bewertung der Situation.
In früheren Zeiten waren der sonntägliche Kirchgang oder Klosterbesuche wichtige Distanzinstrumente zum Abschalten aus der Alltagsroutine. In Zeiten weltweiter Erreichbarkeit zu jeder Zeit an jedem Ort für jeden Benutzer sind Ruhe und Rückzugszonen jedoch wichtiger denn je – Zeiträume ohne Mails, Handy, persönlichen Organizer, und so weiter. Lassen Sie die „Toys for the boys" einfach im Büro oder im Auto und nehmen Sie sich eine Auszeit – es kann auch kurz sein.
Da die Bewertung von Stress-Situationen individuell verschieden und tageszeitlich schwankt, müssen Sie eine nach Ihrer Facon, Bedürfnissen, Fähigkeiten und Möglichkeiten adäquate Sofortmaßnahme einleiten.

Kleine Tipps zum individuellen Herangehen

- Wichtig – Reality-Check: Sie sind nicht existenziell bedroht. Wenn Sie nicht gerade Opfer eines Attentats, Raubüberfalls, Entführung oder einer anderen fürchterlichen Straftat sind, besteht keine Gefährdung für Leib und Leben. Schon mal gut zu wissen.
- Achten Sie auf Ihre eigene Körperwahrnehmung und trauen Sie Ihrer Intuition und Ihrem Bauchgefühl.
- Stressbewältigung ist ein Prozess und kein AN-AUS-Schalter.
- Effektive Methoden und Instrumente können Ihnen helfen, besser mit Stress umzugehen.
- Die Lösung ist oftmals nicht auf der Ebene, auf der das Problem begonnen hat. So ist ein Verlassen eines Gedankenkreises oft nicht über den Kopf sondern nur über die Körperwahrnehmung möglich.

Wie entsteht eine Entscheidung, etwas zu tun? Welchen Informationswert haben Daten? Letztlich nützen uns Informationen nur dann, wenn damit eine konkrete Handlung ausgelöst wird. Aus Daten, der Relevanz und dem Zusammenhang entstehen Informationen, die konkrete Maßnahmen zur Stressbewältigung ableiten lassen (können). Für die Handlung ist auch die notwendige Handlungsenergie erforderlich, damit wir auch tun, was wir uns vorgenommen haben. Jedes äußere Verhalten ist von einem inneren Emotionszustand abhängig. Dieser innere Zustand ist von biochemischen, physiologischen Prozessen abhängig. Unser Denken wird von der Physiologie beeinflusst und umgekehrt. Dabei wirken Denkprozesse wie Filter. Sie bestimmen unsere innere und äußere Wahrnehmung. Diese haben wiederum Auswirkungen auf unsere inneren Vorgänge und Prozesse. Letztlich wird damit Verhalten bestimmt. Filterfunktionen sind Werte, Gedanken, Erwartungen, Einstellungen, Vorurteile, Bildung, und so weiter. Bezüglich der Wahrnehmung spielen physiologische Vorgänge eine große Rolle.

Beispiel

Sie kennen sicher die folgende Situation: Wenn Sie beispielsweise nach einem langen und anstrengenden Arbeitstag sehr müde und abgespannt sind, leidet die Wahrnehmungsfähigkeit und die Reaktionsfähigkeit enorm. Jetzt noch eine Aufgabe zu erledigen, die hohe Konzentration verlangt, würde sicher kein gutes Ergebnis erzielen lassen.

Der gesunde Mix aus Anspannung und Entspannung

Wenn Sie Ihre Muskeln lediglich entspannen, führt dies zur Muskelatrophie. Stellen Sie sich vor, Sie hätten sich beim Skifahren das Bein gebrochen. Wenn das Bein eingegipst wird, ist der Muskel bereits nach wenigen Wochen extrem schwach und hat seine Festigkeitsfunktion und Spannkraft verloren. Im umgekehrten Fall führt permanente Anspannung zu Verspannung – Unfälle, Verhärtungen, Unfälle und Sehnenabrisse sind die Folge. Übertragen auf unseren Lebensalltag bedeutet dies, dass nach einer Phase der Anspannung eine Phase der Entspannung folgen muss.

3.2 Projektmanagement zur Stressbewältigung

Stress ist ein Problem und Probleme müssen wir lösen.

> Bevor Sie etwas an den stressauslösenden Bedingungen ändern, sollten Sie die Umstände und die Situationen mit wachem klaren Kopf genau und in Ruhe analysieren.

Machen Sie sich Ihre Verhaltensmuster und eigenen Schwachstellen klar. Überlegen Sie ganz entspannt, ob Sie etwas an der Situation ändern können oder ob Sie sich oder Ihre Einstellung ändern müssen.

Problemlösungsstrategien helfen uns, systematisch, effektiv und professionell vorgehen zu können. Es geht also nicht darum, Stress zu vermeiden, denn die Vermeidung führt zwar möglicherweise kurzfristig zur Entschärfung der Stress-Situation. Die Problemursache ist damit jedoch nicht gefunden und nicht gelöst. Für eine professionelle Lösung von Problemen orientieren wir uns an den W-Fragen des Projektmanagements:

Das Vorgehen anhand der W-Fragen

W-Frage	Erläuterung/Bedeutung
Wer soll etwas machen?	Es geht um SIE – Sie sind gefragt!
Worum geht es genau?	Analyse der IST-Situation und genaue Beschreibung des Problems: Was macht den Stress? Aktives Beobachten ist sehr wichtig – ohne sofort zu handeln Zerlegen in einzelne Bausteine eines komplexen Zusammenhangs

W-Frage	Erläuterung/Bedeutung
Was soll gemacht werden und was soll sich ändern?	Definition des Ziels und der Aufgabe Lösung des Stress-Problems und nicht Vermeiden oder Entschärfen der Situation
Welches Ergebnis erwarten Sie?	Ganz konkrete Definition des Ergebnisses
Welche Möglichkeiten gibt es, zum Ziel zu gelangen?	Aufstellen der Lösungsalternativen – Sammeln Sie alle Möglichkeiten, ohne diese zu bewerten Lassen Sie Ihrer Kreativität freien Lauf
Welche Konsequenzen ergeben sich?	Checken Sie die angedachten Lösungsalternativen auf ihre Konsequenzen
Welche Alternative ist die Beste?	Vor- und Nachteile auflisten, Gewichtungen vornehmen Priorisierung der Möglichkeiten durch Überprüfen der Lösungsalternativen auf ihre Machbarkeit und Umsetzbarkeit
Wie komme ich zum Ziel?	Konkretisierung des Projektplans und der Qualität Wahl der Methodik Bestimung der Instrumente
Wann bin ich am Ziel?	Erstellung des Zeitplans
Womit muss ich rechnen?	Planung der Ressourcen
Wie kommuniziere ich mit anderen?	Information, Kommunikation und Interaktion

Was bin ich bereit zu investieren?	Zeit, Geld, Beziehungen, alte Gewohnheiten …
Wer könnte mich wie unterstützen?	Begleitung durch Partner, Kollegen, Freunde
Was könnte mir noch helfen?	Glaube an mich selbst Power-Affirmationen Positive Selbstgespräche Visualisierungstechniken
Welche Erwartungen gibt es?	Erwartungen der anderen, Abhängigkeiten, Fremdbestimmung,
Woran erkenne ich Herausforderungen und wie gehe ich mit ihnen um?	Proaktives Herausarbeiten der Probleme und Erarbeiten eines Lösungsweges Wer könnte mir Steine in den Weg legen?
Wie fange ich an?	Mit dem ersten Schritt. Einfach anfangen! Die Umsetzung klappt am besten, wenn Sie sich nicht zu viel vornehmen.
Wie überprüfe ich das Ergebnis?	Qualitätskontrolle ist angesagt. Ist das beabsichtigte Ziel auch wirklich erreicht?

Klipp & klare Ansagen

Manchmal müssen nur ganz kleine Dinge geändert werden, die zu einem enormen Ergebnis führen. Ein klares NEIN wirkt manchmal Wunder.

Beispiel: Der brüllende Chef

Stellen Sie sich die folgende Situation vor: Der Chef brüllt Sie an, nachdem es Schwierigkeiten im Projektmanagement gibt. Je nach Situation sind Sie wütend oder fühlen sich hilflos. Es gibt eine Reihe von Reaktionsmöglichkeiten:

Reaktion A:	Sie brüllen zurück (schlechte Variante)
Reaktion B:	Sie sagen nichts oder fangen an zu weinen (ebenfalls schlecht). A oder B lösen das Problem nicht – weder die Verbalattacke des Chefs noch das Problem an sich.
Reaktion C	... ein effektiver Weg zur Stress-Lösung könnte sein: Tief durchatmen, dann sagen Sie dem Chef in ruhigem, aber klar bestimmten Ton: „Ich höre Sie gut, Sie brauchen nicht zu brüllen. Das Problem ist voll erkannt. Ich schlage vor, dass wir gemeinsam nach der besten Lösung suchen". Das ist konstruktiv und nicht beleidigend. So unangenehm die Situation sein mag, gehen Sie sachlich damit um. Suchen Sie konkrete Lösungen.

3.3 Übernehmen Sie Verantwortung

Im Umgang mit Stress ist es wichtig, sich nicht als Opfer der Situation zu fühlen – das zieht Ihnen die Handlungskraft ab – sondern proaktiv die Verantwortung zu übernehmen – das gibt Handlungsschub und leitet die Problemlösung ein.

Beispiel: Unausgesprochener Ärger mit dem Kollegen

Wer sich nicht wehrt, der lebt verkehrt. Sagen Sie klipp und klar, was Sie denken und fühlen und übernehmen Sie die Verantwortung für die Situation. Wenn Sie mit einem Kollegen im Zimmer sitzen, der während der Arbeit die ganze Zeit Radio hört und Sie das stresst, könnten Sie so reagieren:

Lösung A:	Sie stehen wütend auf und sagen, dass Sie sich nicht konzentrieren können und sich erst einmal eine Tasse Kaffee holen. Das ändert nichts an der Situation.
Lösung B:	Sie sagen Ihrem Kollegen: „Mensch, diese ewige Werbung im Radio stört mich – ich bin völlig unkonzentriert". Das ändert auch nichts an der Situation.
Lösung C:	Besser ist, wenn Sie klipp und klar sagen, dass Sie eine wichtige Aufgabe zu erledigen haben und den Kollegen bitten, das Radio für die nächsten 2 Std. auszuschalten. Das ist ein klare Ansage, reduziert Ihren Stress-Pegel sofort und ist ein proaktiver Weg aus der Hilflosigkeit und aus dem Please-me-Syndrom (wie mach ich's nur anderen recht).

Fazit: Übernehmen Sie die Verantwortung für die Situation und Ihr Leben – Kommen Sie selbst in die Kraft!

3.4 Zeit- und persönliches Projektmanagement

Lässt sich Zeit managen? Nicht im eigentlichen Sinn, sondern:

> Es gilt, mit der zur Verfügung stehenden Zeit optimal umgehen zu können.

Das bedeutet jedoch nicht, immer mehr in weniger Zeit zu „erledigen", sondern achtsam und effektiv zu arbeiten. Planen Sie Ihren Ausstieg aus der Zeit-Brisanz. Das Leben besteht nicht aus Feuerwehrlöscheinsätzen von dringlichsten Tätigkeiten. Die Zeit vergeht, ob Sie diese nun verplanen oder auch nicht. Wie man dies schafft und sinnvoll plant, lässt sich lernen und wird eben doch oft als Zeit„management" bezeichnet (z.B. im Band *Zeitmanagement* in der vorliegenden Reihe Pocket Business).

Terminkalender sind dabei relativ wichtige Instrumente für die eigene Zeitplanung. Relativ deswegen, weil Sie nicht der Einzige sind, der etwas von Ihnen und Ihrer kostbaren Lebenszeit will. Sie kennen sicher die Situation, dass die gesamte Tagesplanung über den Haufen geworfen werden muss, weil es plötzlich wichtigere oder dringlichere Dinge gibt, die Sie nicht zu entscheiden haben. Das erzeugt Stress und kann zu nachhaltigen Frustrationen führen.

> Achten Sie vor allem darauf, ausreichend Zeit für unvorhergesehene Tätigkeiten einzuplanen. Machen Sie auf keinen Fall den Fehler, Ihren Tag voll durchzuplanen.

Hier ein paar Tipps für das Überleben im Alltagskampf:

- Organisieren Sie sich selbst. Schaffen Sie sich einen Überblick über die Dinge, die Sie machen wollen oder müssen.
- Aktion „Clean desk": Sorgen Sie für Ordnung in Ihrem Büro und auf Ihrem Schreibtisch. Unordnung ist ein enormer Energiekiller und Stress-Faktor.
- Setzen Sie Prioritäten, die für Sie persönlich von hohem Stellenwert sind. Stapeln Sie Ihre Arbeitsberge nach Wichtigkeit und nicht lediglich nach Dringlichkeit!

- **Arbeiten Sie chronologisch** und nicht an vielen Dingen gleichzeitig.
- **Unterscheiden Sie Aufgaben von Aktivitäten.** Aktivitäten sind künstliche Hektik, ohne dass eine Sache nach vorn gebracht wird.
- **Delegieren Sie wiederkehrende Aufgaben.** Verstricken Sie sich nicht im Dickicht von Kleinkramaktivitäten.
- **Werden Sie nicht zum Perfektionisten** und setzen Sie sich selbst nicht unter Druck.
- **Weniger ist manchmal mehr** – das gilt nicht nur für Schmuck.
- **Setzen Sie realistische Ziele.** Alles dauert länger, als Sie glauben.
- **Planen Sie Wegezeiten ein** – Rechnen Sie bei Flugterminen nicht nur die Netto-Flugzeit sondern planen Sie die Anfahrt mit dem Auto, Parkhaus, Check-In, Security und Wartezeit bis zum Einsteigen genau so mit ein, wie die Zeiten umgekehrt beim Aussteigen. Sie werden sich wundern, wie viel Zeit Sie effektiv brauchen.
- **Planen Sie „Kleinkram" mit ein:** Reisekostenabrechnungen, Heraussuchen von Hotel- oder Seminaradressen, unerledigte Rückrufe und so weiter.
- **Arbeiten Sie nach Ihrem ganz persönlichen Biorhythmus.** In der Zeit Ihrer höchsten Konzentration sollten Sie keine Telefonate führen oder Mails abarbeiten, sondern sich um die wirklich wichtigen Aufgaben kümmern.
- **Fassen Sie Arbeiten einer ähnlichen Kategorie zusammen** – zum Beispiel Telefonate können Sie in einem Telefonblock abarbeiten.
- **Achten Sie auf störungsfreie Räume** – leiten Sie einfach Ihr Telefon um und sagen Sie den Kollegen, dass Sie innerhalb der nächsten 2 Stunden nicht erreichbar sind oder nicht gestört werden wollen.
- **Denken Sie in größeren Räumen.** Für ein Strategiekonzept, was nur Sie erarbeiten können, müssen Sie nicht unbedingt im Büro sein – da werden Sie möglicherweise andauernd

gestört. Wie wär's denn mit einer stressfreieren Variante – im Park oder von zu Hause?

- Mails und Anrufbeantworterabhörzwangsrituale können die Kommunikationswege verstopfen. Müssen Sie jede Mail beantworten? Braucht jeder Anrufer einen Rückruf? Muss es immer sofort sein?
- Sie müssen nicht jeden Informationskanal nutzen, der möglich ist. Müssen Sie sich Ihre Mails über Handy schicken lassen, damit Sie in der Wartezone am Flughafen die neuesten Informationen haben? Mails mit dem Daumen per WAP-Handy zu beantworten dauert sicher fünfmal länger, als wenn Sie diese im 10-Finger-Blind-System auf der Tastatur Ihres PC virtuos abarbeiten. Lassen Sie einfach mal los. Schmökern Sie in einer Zeitung oder unterhalten Sie sich mit netten Menschen. Die Mails laufen Ihnen nicht weg – die können Sie am Abend beantworten. Wenn es wirklich wichtig sein sollte, werden Sie sicher angerufen.
- Lassen Sie Ihr Handy doch einfach mal aus. Müssen Sie jeden Anruf annehmen? Müssen Sie für jeden jederzeit erreichbar sein? Seien Sie kreativ, wenn Sie darauf angesprochen werden, warum Sie nicht ans Mobiltelefon gegangen sind – dann waren Sie vielleicht gerade in einem Meeting oder in einem Funkloch.
- Bleiben Sie locker und ruhig – verfallen Sie nicht in Hektik und behalten Sie den Überblick.

Zusammenfassend

Relativieren Sie Ihre Tagesplanung, damit Ihnen der Terminkalender keinen Stress mehr macht. Sie entscheiden, was Sie machen wollen – nicht Ihr Terminkalender. Er ist lediglich ein Instrument, damit Sie den Überblick behalten. Sie sind aber kein Sklave dieses Instruments!

Wie sich Wichtigkeit und Dringlichkeit unterscheiden und wie man daraus zu Prioritäten gelangt und Dinge zeitlich ordnet, mag das folgende kleine Beispiel noch weiter veranschaulichen.

Beispiel für Prioritäten

Aktivität	Wichtigkeit	Dringlichkeit	Priorität	Zeitbedarf in Min.	Termin
Mails	mittel	hoch	A	30	heute Abend
Jogging	mittel	mittel	B	30	abends
Abteilungsbesprechung	mittel	hoch	A	90	mittags
Pause	hoch	mittel	A	30	mittags
NIX Tun	hoch	mittel	A	10	täglich
Reisekosten abrechnen	niedrig	hoch	B	20	nachmittags

Eine hohe Priorität heißt leider noch lange nicht, dass Sie die Aufgabe auch wirklich erledigen. Es kann gut sein, dass Sie einfach keine Lust dazu haben oder völlig dagegen sind, dies zu tun. Das Aufschieben der Tätigkeit kann Stress erzeugen.

Beispiel

Reisekostenabrechnungen sind ein gutes Beispiel für die Gefahr des ewigen Aufschiebens. Obwohl es nicht wirklich lange dauert, bedarf es doch eines gut strukturierten Vorgehens und ist für viele irgendwie lästig: Das Sammeln aller Rechnungen, eintragen in Formulare oder eintippen in das Softwareprogramm inklusive der Währungskonvertierungen bei Auslandsaufenthalten, kopieren der Belege, eintüten der Originalbelege für die Reisekostenstelle und versenden etc.

Im Zeitalter von Hand-held-Computern und Web-basierten unternehmensweit eingerichteten Termin- und Organisationskalendern sollte das Selbstmanagement für jeden von uns selbstverständlich sein. Doch oft genug kommt es vor, dass Sie gar nicht so viele Termine wahrnehmen können, wie Sie eigentlich müssten – ganz geschweige von den Aufgaben, die Sie sich selbst mit hoher Priorität gesetzt haben – das erzeugt immensen Stress. Nicht wahrgenommene Termine erzeugen möglicherweise ein schlechtes Gewissen und damit auch Stress. Stellen Sie sich daher die Frage, ob Sie zwingend (!) bei jeder Besprechung oder Telefonkonferenz mit dabei sein müssen – machen Sie aus dem Con-Call ein Non-Call.

Die be-SINN-liche Variante der To-Do-Liste:

Terminkalender mit Karteikarten-Organisation

- Besorgen Sie sich A6 Karteikarten und beschreiben Sie jede Karteikarte mit einer zu lösenden Aufgabe. Schreiben Sie auch auf die Karte, wie viel Zeit Sie für die Abarbeitung benötigen.
  Beispiel: Abteilungsbesprechung – 1 Std. 30 Min.
  Protokoll schreiben – 40 Min. etc.
- Wenn Sie alle Aufgaben notiert haben, verteilen Sie die Karten auf vier Postkörbe oder große DinA4 Pappen, die Sie auf den Fußboden stellen. Die vier Kategorien sind:
  A: Wichtig + dringlich – MUSS-Aufgaben
  B: Wichtig + nicht dringlich – KANN-Aufgaben (diese sind sehr wichtig für langfristigen Erfolg).
  C: Dringlich und nicht wichtig – SOLL-Aufgaben
  D: Weder dringlich noch wichtig – KÖNNTE-Aufgaben

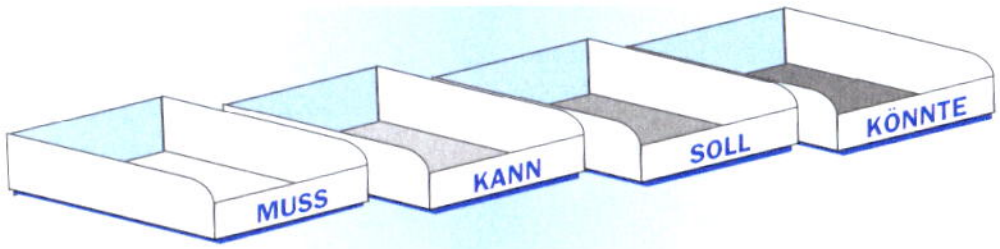

- Innerhalb der Körbe sortieren Sie die Karten nach Priorität. Im Korb D brauchen Sie nichts zu priorisieren (einfach liegen lassen oder in den Müll werfen).
- Schreiben Sie auch auf die Karte, was schlimmstenfalls passiert, wenn Sie die Aufgabe nicht erledigen. Sie werden erstaunt sein, wie viele Dinge sich durch „Nixtun" von selbst erledigen. Probieren Sie es einfach mal aus!
- Schreiben Sie auf, ob Sie diese Aufgabe zwingend selbst erledigen müssen, oder ob es jemanden gibt, der sie auch oder sogar besser erledigen könnte. Notieren Sie, an wen Sie die Aufgabe delegieren könnten.
- Legen Sie eine rote Karte mit Zeitbudget 1 Std. mit auf den Stapel A. Verabreden Sie sich mit sich selbst.

Das mag altbacken klingen – hat jedoch einen guten Schulungseffekt. Allein durch die Anzahl der Karten in den vier Ordnern erhalten Sie ein Gefühl, wie realistisch Ihre Tagesplanung und Ihr Tagespensum sind. Sofort wird Ihnen klar, was Ihnen den Stress macht. Denken Sie daran: Sie können nicht den ganzen Tag verplanen – es kommt sowieso ganz anders!

> Sobald Sie mehr als 8 Stunden verplant haben, sollten Sie nicht weitere 2 Stunden verplanen, sondern sich Gedanken darüber machen, was Sie lieber weglassen oder delegieren können.

Sie können nicht permanent über 10 Stunden arbeiten. Loslassen heißt die Devise.
Eigene Zufriedenheitserlebnisse sind enorm wichtig. Anstatt sich miesepetrig gelaunt durch das Hamsterrad Ihres Terminkalenders zu quälen, sollten Sie auch daran denken, sich einen persönlichen Freiraum zu schaffen und nur für Sie selbst zu reservieren.

> Hören Sie in sich hinein und lauschen Sie Ihrer inneren Uhr. Die Zeitdimension muss im Einklang mit unseren Werthaltungen, Rollen, Visionen und Prioritäten sein.

Muße und Erholung sind wichtige Voraussetzungen, um wieder kraftvoll durchstarten zu können. Denken Sie daher daran, sich jeden Tag eine Zeit-Zone für die Verabredung mit sich selbst einzuplanen.
Setzen Sie auf Zeitqualität anstatt auf Menge der erledigten Aufgaben pro Zeiteinheit. Muße ist das Zauberwort zum Anhalten, Innehalten und Nachdenken.
Die Zeit ist immer gleich – eine Stunde ist eine Stunde ist eine Stunde. Und die hat immer 60 Minuten. Das Zeiterleben jedoch ist unterschiedlich.

3.5 Selbstmanagement – Wie kann ich mich „fair ändern“?

Wenn wir unser Leben als ein „inneres“ Unternehmen auffassen, geht es darum, die eigenen Fähigkeiten, Fertigkeiten, Talente und Potenziale optimal mit den Möglichkeiten, die das Leben bietet, zu verzahnen, um so einen maximalen (Lebens-) Profit zu generieren. Jenseits aller negativen Bewertungen der psychischen Belastungen durch Stress hat Stress eine enorme biologische Bedeutung für die Selbstorganisations- und Anpassungsprozesse.

> Die Reaktion auf Stress ist ein erlerntes Verhaltensmuster. Wenn Sie bisher auf eine Stress-Situation mit einer bestimmten Weise reagiert haben, so muss dies nicht so bleiben. Wir können unser Verhalten auch verändern.

Und das hat maßgeblich mit unserem Selbstmanagement zu tun.
Analysieren Sie Ihr eigenes Anspruchsniveau – an sich selbst und an die anderen. Oft sind es unsere Erwartungen an uns selbst, die uns den Stress machen. Wenn Sie sich mehr vornehmen, als Sie eigentlich schaffen können, müssen Sie sich über Misserfolge und Frustrationen nicht wundern. Schuldzuweisungen führen dabei wenig zum Ziel.

Folgende Ansprüche habe ich an die anderen:

____

____

____

____

Folgende Ansprüche habe ich an mich selbst:

____

____

____

____

Welchen Preis zahlen Sie für Ihre eigenen Ansprüche? Stimmt das Verhältnis von Kosten und Nutzen? Wenn Sie beruflich befördert werden, bedeutet dies möglicherweise eine Aufwertung Ihres Selbstbewusstseins, eine Erhöhung Ihres Status und eine Verbesserung Ihrer finanziellen Situation. Der Preis könnte aber hoch sein – weniger Zeit für die Partnerin, Kinder, Freunde, für den Sport und so weiter. Die Gefahr besteht, dass mit einem Hochklettern auf der Karriereleiter das eigene Anspruchsniveau höher klettert als es das geistig-körperlich-seelische Fundament zulässt. Die Folge könnte ein schnelles Erreichen der Belastungsgrenze sein – mit der Konsequenz von Dauerstress und der Gefahr des Burn-out-Syndroms.

Es gibt Motivationstrainer, die glauben machen wollen, dass man durch positive Formulierungen nachhaltige Veränderungen bewirken kann. Leider gilt dies nur bedingt. Die Bewusstmachung per se bedeutet noch keine Änderung der Verhaltensweise im Alltag.

3.5.1 Neuprogrammieren der „Schaltkreise im Kopf"

Wir können alte Muster überschreiben und Neues trainieren. Dies bedeutet: „Raus aus den alten Mustern" und ein Verlassen der alt eingetretenen Spur. Das heißt aber auch ein Verlassen der ach so bequemen Lebenskomfort-Zone. Wie bei einer Desensibilisierung muss das alte Verhalten schrittweise ausgeleitet und durch ein neues ersetzt werden.

Wenn wir uns selbst oder andere motivieren wollen, können wir an Einstellungen und an Motiven ansetzen. Beide steuern Verhalten. Unsere Einstellungen sind dauerhaft und beziehen sich eher auf ganz konkrete Dimensionen. Motive hingegen entstehen häufig aus einer Mangelsituation. Die Befriedigung kann durch unterschiedliche Lösungen erfolgen. Wenn wir uns Ziele setzen, so sind diese meist bewusst und kognitiv. Motive sind eher emotional und affektiv und nicht immer bewusst. Sie wollen unmittelbar gestillt werden. Konkret heißt dies, dass Ziele nicht mit Motiven übereinstimmen müssen.

Harte Disziplin führt noch lange nicht zum Erfolg, wenn die Motivatoren nicht auch auf das Ziel ausgerichtet sind.

3.5.2 Unterstützung durch Affirmationen und Visualisierungen

Erfolg entsteht im Kopf. Misserfolg auch. Wenn Sie wissen, was Sie wollen, können Sie auch machen, was Sie wollen. Neben dem Willen, etwas zu tun, hilft es sehr, sich die neue Situation sehr genau vorzustellen und auszumalen, wie es ist, wenn die neue Situation eingetreten ist. Durch kreative Möglichkeiten der Visualisierung können wir die Änderung unserer Einstellung, Sichtweisen und des Blickwinkels unterstützen.
Affirmationen, positive Selbstgespräche und Visualisierungstechniken helfen, negative Selbstaussagen durch lösungsorientierte proaktive klar vorgestellte Gedanken zu ersetzen. Anstatt „Das schaffe ich ja nie" sagen Sie sich: „Heute probiere ich das zum ersten Mal. Bei jeder Übung werde ich dann besser. Ich stelle mir dabei ganz genau vor, wie ich dies mache".

Denken Sie daran, dass Sie genügend Zeit für die Umsetzung einplanen. Alles dauert länger als man glaubt. Denken Sie bei der Umsetzung Ihrer Fair-Änderung daran, dass der Erfolg von diversen Merkmalen Ihrer Vorgeschichte mitbestimmt wird.

Diese sind:

- Individuelle Ansichten und Glaubenssätze
- Gesundheit, Befinden und persönliche Fitness
- Erholungs- und Ernährungszustand
- Gefühle
- Gedankenwelt, Wissen und gemachte Erfahrungen
- Umfeld, Beziehungen, Freundschaften
- Erwartungen der anderen (Lebenspartner, Familie, Freunde, Kollegen, etc.)
- Grad der Selbstverantwortung.

Dies setzt voraus, dass wir das auch können und wollen! Wovon hängen nachhaltige Veränderungen ab? Das erfolgreiche Erreichen unserer Ziele hängt von unserem Verhalten, Willen und unserer Vorstellungskraft – der konkreten Visualisierung – ab. Nicht immer wird der Wille in die Tat umgesetzt, wenn wir uns das Ziel nicht wirklich bildlich vorstellen können.
Unter dem Blickwinkel der Stressbewältigung ist die Veränderung unseres Lebens zu mehr Gelassenheit sicher eine der spannendsten und wichtigsten Dimensionen. In der Aufdeckung der prägenden Einflüsse aus dem familiären Umfeld, der Erziehung durch Schule und Gesellschaft liegt ein Schwerpunkt der Arbeit mit Veränderungen.

Die Zauberfrage lautet: Angenommen, Sie hätten überhaupt keinen Stress mehr – was würde sich dann für Sie persönlich ändern?

____

____

____

Woran, wie und wann würden Ihre Freunde und Kollegen merken, dass Sie keinen Stress mehr haben?

____

____

____

Wie müsste der spürbare Veränderungsschub aussehen, wenn Sie keinen Stress mehr hätten?

____

____

____

Wenn ich keinen Stress mehr hätte, würde ich am liebsten

____

____

____

3.5.3 Verhaltensänderung konkret vollziehen

Verhaltensänderung zu fordern ist schön und gut – aber wie kann das vonstatten gehen? Wir möchten dazu in diesem Abschnitt abschließend als wissenschaftlich fundiertes Instrument das transtheoretische Modell der Motivationsforschung Stages of Change Prozess von DiClemente & Prochaska kurz vorstellen. Als Instrument, das in Programmen und Seminaren genutzt werden kann, vollzieht es sich in fünf Schritten (Stage of Change Modell). Wir stellen es auf der folgenden Magazinseite etwas näher vor. Ist nach einem entsprechenden Programm das Ziel erreicht? Unter der Voraussetzung, dass das neue Verhalten weiterhin proaktiv geübt wird, ist davon auszugehen, dass die Rückfallwahrscheinlichkeit sehr klein ist.

Die Erprobung kommt aus der Medzin. Insbesondere in der Prävention bei der Begleitung chronisch erkrankter Patienten, die z.B. unter Herzinsuffizienz, Diabetes oder Asthma leiden, lässt sich das Modell effektiv einsetzen. Bei der Raucherentwöhnung, im Koronarsport und der Fitnessverbesserung wurden in den USA ebenfalls signifikante Ergebnisse veröffentlicht.

Die begleitende Gesprächsführung in die Praxis hat sich in unseren Stressmanagement-Seminaren erfolgreich bewährt.
Die aktuelle Bereitschaft des Einzelnen, Ihre Bereitschaft zur Veränderung und der Aufwand für die Veränderung sind die entscheidenden Fragen:

- Was ist der Vorteil / Nutzen für mich?
- Welchen Aufwand muss ich dafür treiben – Welchen Preis muss ich dafür zahlen?
- Was kann ich danach besser?

Letztlich geht es hierbei um ein Abwägen der Vor- und Nachteile im Sinne einer persönlichen Kosten-Nutzen-Analyse unter Einbeziehung der Erwartungen an die Zukunft.
Jemand, der sagt, dass er Stress abbauen will, in Wirklichkeit aber so lebt und arbeitet wie bisher, wird den Stress nicht bewältigen – da nützt auch keine Anmeldung zu einem Yoga-Kurs. Wer sich nicht wirklich ändern will, wird sich auch nicht nachhaltig ändern.

Wie kann sich Verhaltensänderung vollziehen?

DiClemente & Prochaska: Das Transtheoretische Modell der Motivationsforschung – Stages of Change Prozess

Durch die Wissenschaft entstehen immer differenziertere Kenntnisse über die Beeinflussbarkeit physiologischer Prozesse durch psychische Faktoren und über die Auswirkungen neurobiologischer Voraussetzungen und Gegebenheiten auf psychische Phänomene. Die Änderung unseres Verhaltens ist kein Schalter, der EIN und AUS geschaltet werden kann sondern verläuft als ein Prozess, der sich nach dem transtheoretische Modell der Verhaltensänderung – auch stages of change Konzept genannt – von Di Clemente & Prochaska in fünf Schritten vollzieht. Die Eigenschaften der einzelnen Schritte bieten direkte Möglichkeiten eines gezielten Hebels. Bildlich vorgestellt werden die Schritte weniger in Stufen als vielmehr in Spiralen durchlaufen. Es kann gut sein, dass es innerhalb dieses Prozesses zu einem Rückschritt kommt.

Als Instrument kann es hervorragend genutzt werden, individuelles Verhalten effektiv und langfristig zu ändern. In der Gesundheitsförderung ist das Modell bereits in den USA und Deutschland erfolgreich erprobt. Maßgebliche Kriterien, wie persönliche Einstellung, Erwartung an die eigenen Fähigkeiten, psychosoziale Prozesse und Verhaltensweisen sind einbezogen. Diese Dimensionen bieten die Basis für eine schrittweise individuelle Intervention auf der Ebene individuell- unterschiedlichen Verhaltens.

Schritte der Verhaltensänderung nach dem Stages of Change Modell:

Schritte der Verhaltensänderung		Merkmale
1	**Absichtslosigkeit**	Alles ist in Ordnung. Es besteht keine Absicht, etwas ändern zu wollen, ein Problembewusstsein fehlt, die Vorteile einer Verhaltensänderung werden unterschätzt. Aktuelle Probleme werden verdrängt oder verleugnet. Das Verhalten ist passiv reaktiv.
2	**Absichtsbildung**	Das Problem ist erkannt. Durch Gesundheits- oder Lebensprobleme besteht die ernsthafte Einsicht, sich in den nächsten 6 Monaten ändern zu wollen – Ich will mich ändern. Nachdenken und Abwägen der Vor- und Nachteile der Veränderung, Es besteht eine Furcht vor der Veränderung, welche sich in ambivalentem Verhalten äußert (Aufwand und Nutzen des neu anzueignenden Verhaltens noch unklar, die gewohnte Verhaltensweise wird noch positiver bewertet). Offenheit für nähere Informationen und Aufklärung.
3	**Vorbereitung der Handlung**	Das Ziel ist anvisiert: Es besteht konkrete Absicht, in nächster Zeit das Zielverhalten zu erreichen. Dies wird auch nach außen artikuliert. Konkretisierung des Handelns durch Erstellung eines konkreten Aktionsplans, „Ausprobieren“ (z.B. weniger Zigaretten, gelassener mit Stress umgehen, Anmeldung zum Meditationskurs).
4	**Handlung/ Umsetzung**	Auf geht's: Die aktive Umsetzung steht an. Regelmäßiges Umsetzen des „neuen“ Zielverhaltens, erste kleine Hürden sind genommen. Vorsicht: In dieser kritischen Zeit besteht eine hohe Rückfallwahrscheinlichkeit in alte und bequeme Verhaltenswege.
5	**Aufrechterhaltung des Neuen**	Innerhalb von 5 – 50 Monaten wird ein proaktives Anwenden neuer Fähigkeiten und Fertigkeiten mit stabiler Ausübung des Wunschverhaltens bei geringer Rückfallwahrscheinlichkeit routinemäßig etabliert.

3.6 Der Stress-Transformator

Mit dem richtigen Dreh machen wir aus einer negativen Stress-Situation möglicherweise eine positive Gelassenheitsaktion. Dies bedeutet eine Änderung des Blickwinkels und somit unserer Einstellung.
Eu-Stress wird oftmals nicht als gesundheitsschädlich eingestuft, da es sich um eine Tätigkeit handelt, die als sinnvoll und nicht entfremdend oder bedrohlich eingestuft wird. Dies bedeutet auch:

> Unsere subjektive Einstellung hat für die Bewertung einer im Außen empfundenen objektiven Alltagsgegebenheit eine ganz wesentliche Bedeutung für das Stressgeschehen und die Folgen.

Das Bild und somit die Bewertung, welche wir uns von der Welt machen, sind persönliche und individuell unterschiedliche Konstruktionen. Wir sehen die Welt aus unserem Blickwinkel und bewerten Zustände individuell unterschiedlich. In vielen Bereichen ist diese Bewertung aufgrund faktischer Gegebenheiten, gesellschaftlicher Rahmenbedingungen und tradierter (Wert-)Vorstellungen ähnlich und hat einen prägenden Einfluss auf die Gesellschaft und ihr Bewusstsein. Je nach unserem Blickwinkel gestalten oder verunstalten wir unsere Außenwelt und so unser Leben.
Die Frage ist also, wie ich mit einem Ereignis umgehe. Erst die Interpretation lässt ein Ereignis positiv oder negativ erscheinen. Die Energie ist möglicherweise die gleiche – nur das Vorzeichen ist unterschiedlich.

Fallbeispiel: It's just a jump to the left

Peter Hermann, der als Projektleiter Controlling einer Uniklinik arbeitet, leidet seit Jahren immer wieder unter Rücken-, Kopf- und Magenschmerzen, die sich besonders in Stress-Situationen verstärken. Ständig hat er das Gefühl, dass alle Kollegen etwas von ihm wollen. Die vom Chefarzt hektisch anberaumten Besprechungen sind ineffizient und schlecht vorbereitet. Die Stimmung innerhalb der Klinik ist auf dem Nullpunkt.

Nachdem seine Klinik ein neues Entgeltsystem unter Zeitdruck einführen soll, einer seiner Mitarbeiter gekündigt hat und er keinen Nachfolger einstellen darf, arbeitet er quasi Tag und Nacht auf Hochtouren. Er hat das Gefühl, als ob die Zukunft der Klinik von ihm abhinge. Kurz vor Weihnachten reagiert Peter prompt mit einem Bandscheibenvorfall.

> Im Umgang mit Stress geht es nicht darum, die Folgeerscheinungen missglückter oder krankmachender Lebensbedingungen zu bekämpfen sondern die Voraussetzungen für ein glückliches und gesundes Leben zu führen.

Kompensationsmechanismen, die lediglich am Symptom ansetzen, springen letztlich zu kurz. Warnsignale unseres Körpers sind Aushängeschilder, auf denen Worte stehen wie „Hilfe – mach was – so geht es nicht mehr weiter“.

> Anstatt die Alarmsignale des Stresses auszuschalten, ist es richtig, die Warnhinweise als Veränderungsindikatoren aufzufassen, um einen Wandel einzuleiten,

Dies, damit wir im Einklang mit uns selbst leben. Dies bedeutet jedoch, Veränderungen ganz konkret einzuleiten.
Wir müssen die Situation akzeptieren, wie sie ist und uns, wie wir sind und nicht, wie wir uns gern hätten. Wir können nicht gegen uns selbst anrennen. Wir können nicht vor uns selbst weglaufen, da wir uns immer selbst mitnehmen. Durch das Akzeptieren der IST-Situation kann eine Erweiterung unseres Bewusstseins stattfinden. Zudem lassen sich durch Distanz und Akzeptanz Zusammenhänge besser erkennen und so neue Möglichkeiten eröffnen. Um mit Stress adäquat umzugehen, brauchen wir eine neue Orientierung in Richtung der persönlichen Selbst-Ent-Faltung. Dies bedeutet eine klare Entscheidung. Das eine zu machen, und das andere loszulassen. Wir können nicht beides machen. Alles gleichzeitig geht eben nicht.

Die Transformation vollzieht sich in zwei Schritten:

- In der Wahrnehmung und Bewusstwerdung und
- in der Einleitung der nächsten Schritte.

3.6.1 Erster Schritt der Transformation: Augen auf

Erst durch die Möglichkeit einer Blickwinkel-, Bewusstseins- und Wahrnehmungsveränderung kann ein wirklicher Wandel herbeigeführt werden.
Ziel ist eine Integration in einem umfassenden Sinn. Das bedeutet, die uns hemmenden, begrenzenden und einschränkenden Dimensionen des gewöhnlichen Bewusstseins durch die Blickwinkel-Erweiterung zu überwinden. Die Veränderung

Transformation des Stresses

Thema Sichtweise:	**Stress – Energieräuber** *Problemorientierung*
Fragestellung	Warum hab ich so viel Stress?
Haltung	Ich bin Opfer des Stresses – brauche Hilfe – Abgabe der Verantwortung und Hilflosigkeit ziehen uns Energie ab
Umgang mit Stress	Da muss ich durch – was fertig werden muss, muss erledigt werden
Körperauswirkungen	Rückenschmerzen, Kopfschmerzen, Magenschmerzen
Prinzip	Reaktives Verhalten: Ich kann nichts dafür und leide sehr unter dem Stress Selbstmitleid – mir geht's ja so schlecht

des Blickwinkels führt dazu, einen im Einklang mit uns selbst aufzubauenden (Er-)Lebensbereich zu entwerfen, der eine umfassende und nachhaltige Balance aus Körper, Seele und Geist in echter Verbindung mit der Welt im Außen sinnvoll gestalten lässt. Durch die Erweiterung des Blickwinkels können wir über den Tellerrand der routinierten Betriebsamkeit „sehend" in die Handlung kommen, anstatt weiterhin wie bei einer Schallplatte mit Sprung im monotonen Klageliedmodus zu verharren.

(mit Bezug auf das Fallspiel S. 84)

Gelassenheit – positive Energie
Lösungsorientierung

Wie kann ich noch besser mit dem Stress umgehen?

Ich bin Herr des Geschehens – proaktiv nehme ich mein Schicksal in die Hand und kümmere mich selbstverantwortlich darum, dass es mir besser geht. Die Übernahme der Verantwortung gibt Kraft und die Gelassenheit, dass es klappt

---

Wenn es richtig stressig wird, schalte ich erst einmal ab, setze mich hin und atme ein, aus und dann gelassen weiter

---

Achtsamkeit im Umgang mit dem eigenen Körper

Proaktives Gestalten: Ich bin Herr meines Lebens und kann sehr gut mit dem Stress umgehen. Proaktiv nutze ich die Maßnahmen der Stress-Prävention und übe mich konsequent in Gelassenheit

Energiestatus	Ich bin völlig erledigt
Einstellung zum Stress	Der Stress macht mich völlig fertig
Arbeitssituation	Ich ärgere mich sehr, wenn es keine Agenda und keine Zielformulierung für die Abteilungsbesprechung gibt
Gedanken zum persönlichen Erfolg	Ich muss extrem viel und hart arbeiten, um erfolgreich zu sein
Vorstellung über Grenzen – ich darf nicht von zu Hause aus arbeiten	Verboten! Grenzen dürfen nicht überschritten werden. Ich muss trotz permanenter Störungen an wichtigen Konzepten arbeiten

Die Blickwinkel-Erweiterung ist der Impuls für den Wandel – der Zündfunke für den Motor der Handlung und auch Wandlung.
Wir können uns nicht auf das Niveau einer Maschine reduzieren lassen, die nur funktionieren muss. Die Bewusstmachung und Integration aller Anteile ist eine wichtige Voraussetzung zur Gesundwerdung.

Mir geht's prima – ich fühle mich gesund und gestärkt. Meine Kollegen sind hektisch, aber ich bleibe ganz ruhig

Der angenehme Stress beflügelt mich, für den Umgang mit dem negativen Stress habe ich gute Bewältigungstechniken gelernt und gehe gelassener mit mir und dem Leben um

Mein Chef ist kein guter Projektleiter. Hier kann ich ihn gut unterstützen.
Als Meister des Projektmanagements schicke ich an alle Teilnehmer der Besprechung vorab eine Mail mit einem Entwurf der Agenda und des Ziels. Ich setze einen Termin, bis wann alle Vorschläge vorhanden sein müssen. So kommen wir effizient zu Lösungen

Wenn ich ganz bei mir bin, weiß ich, was mir gut tut und was ich wirklich will

Einfach darüber hüpfen und konsequentes Infragestellen althergebrachter Normen und Grenzen.
Das Projekt hat absolute Priorität. Ich vereinbare mit meinem Chef, dass ich einen Tag von zu Hause an dem wichtigen Projekt arbeite – ohne Störungen durch Kollegen, dann können wir auch den Termin halten.

3.6.2 Zweiter Schritt der Transformation: Sprechen Sie es an und aus

Im zweiten Schritt bedarf es keiner emotionalen Schwerstarbeit, um klipp und klar zu äußern, was Ihnen wirklich wichtig ist – viele Dinge lassen sich ganz einfach ändern – probieren Sie es kurzerhand mal aus. Dadurch, dass Sie die Punkte, die Sie wirklich stören, proaktiv ansprechen anstatt frustriert zu resignieren, findet Veränderung statt.

3.7 Gedanken und Worte schaffen Wirklichkeit

Die prägende Wirkung der gesellschaftlichen Botschaften in verbaler und nonverbaler Form haben teilweise bedrohliche Auswirkungen auf unseren Lebensentwurf und so unsere Persönlichkeits- und Lebensentwicklung.

> Unsere eigenen Glaubenssätze, wissenschaftlich als internale Repräsentationsmuster bezeichnet, erzeugen Wirklichkeit.

Abhängig von unserem Bewertungsmuster kann eine Situation daher als stressig oder nicht stressig empfunden werden. Zudem können diese Muster unsere Stressbewältigung hemmen oder fördern.
Ein Beispiel für Lebensmuster erzeugende Glaubenssätze beziehungsweise internale Verhaltensrepräsentationen können sein:

- Ich bin nur ein kleiner Wurm, auf mir können ja alle herumhacken
- Erst die Arbeit, dann das Vergnügen

Und Sie? Welches sind Ihre Glaubenssätze?

____

____

____

Wege in die Stress-Falle und auch wieder heraus

In der nebenstehenden Tabelle finden Sie eine Reihe von Glaubenssätzen als Beispiele, und zwar stehen

- in der linken Tabellenspalte solche, die voll in den Stress-Sumpf führen, da sie eine selbst-schädigende Wirkung erzielen und
- in der rechten Spalte sind Beispiele für proaktive Wege aus dem Stress-Sumpf vorgeschlagen.

Negative Frequenz – Stress	Positive Frequenz – Proaktive Handlung
Ich werde einfach vom Pech verfolgt, jetzt muss ich auch noch diese Aufgabe übernehmen – als hätte ich nicht schon genug zu tun.	A: Ich sage klipp und klar, dass das Projekt, welches ich derzeit betreue, nicht eingehalten werden kann, wenn ich noch eine weitere Aufgabe übernehmen soll. B: Die neue Aufgabe reizt mich als willkommene Abwechslung zur bisherigen Routine – mal sehen, was sich entwickeln kann.
Das Projekt ist zu wichtig – diese Arbeit muss ich selbst machen, sonst klappt es doch nicht.	Das Projekt ist zu wichtig – diese Arbeit darf ich auf keinen Fall nur selbst machen, sonst klappt es nicht – zusammen sind wir richtig stark.
Was ich nicht selber mache, klappt ja nie.	Was ich nicht selber mache, können andere besser als ich.
Eigentlich brennen mir die Augen, aber das muss ich wirklich heute fertig stellen.	Eigentlich brennen mir die Augen, Zeit für eine richtige Pause.
Meine Kopfschmerzen pochen, aber ich kann jetzt noch nicht schlappmachen.	Meine Kopfschmerzen pochen, Zeit zum Aufhören. Beim nächsten Mal pass ich besser auf mich auf, damit ich erst gar keine bekomme.

Ich darf den Chef nicht enttäuschen – ich bin nicht so wichtig.	Ich darf mich selbst nicht enttäuschen – ich bin mir sehr wichtig.
Ich bin super müde – aber nach der nächsten Tasse Kaffee bin ich wieder wach.	Ich bin super müde – jetzt fahr ich nach Hause, schlaf mich richtig aus – morgen ist ein neuer Tag.
Erst die Arbeit – dann das Vergnügen.	Erst der Spaß an der Arbeit und dann noch mehr Vergnügen.
Mir wird das alles zu viel.	Genau – und deshalb höre ich auf zu jammern und sage klar, was ich brauche, um vernünftig arbeiten zu können.
Das ist alles so ungerecht.	Sagen Sie, was Sie persönlich als ungerecht empfinden. Äußern Sie Ich-Botschaften und verallgemeinern Sie nicht.

Die oben dargestellten Sätze in der linken Tabellenspalte sprechen für sich. Die Hilflosigkeit schreit zum Himmel.
Aus der jammernden und selbst bemitleidenden Negativprogrammierung können wir auch eine Positivdrehung formulieren: Konkret bedeutet dies, den Problemsatz einfach umformulieren, um zur Lösung zu kommen.
Achten Sie auf Ihre Worte und Ihre Gedanken – Sie erzeugen Wirklichkeit.

Betreiben Sie keine Schwarz-Weiß-Malerei durch Killerphrasen.

Beispiele

Killerphrasen (im übertragenen Sinn, d.h. auf Ihre Einstellung bezogen), sind z.B.

- Immer muss ich das machen
- Alle haben frei, nur ich nicht
- Keiner hilft mir.

Überdenken Sie die Bewertungen – die Außenwelt werden Sie nur schwer ändern können. Ersetzen Sie die Verallgemeinerungen durch Worte, die auf die ganz konkrete Situation bezogen sind. Den negativen Wirkungen obiger Beispiele können Sie folgenden positiven Dreh verleihen:

- In dem Fall muss ich dies machen, beim nächsten Mal wird es ein anderer machen.
- Viele Kollegen haben frei und fahren an den See. Ich will die Prüfung schaffen und nutze die Zeit zur Vorbereitung. Nach der Prüfung gönne ich mir eine Paddeltour auf dem See.
- Ich schaffe das gut allein. Falls es mir zu viel wird, werde ich andere um Hilfe bitten.

Merken Sie den Unterschied? Die Situation ist deutlich entkrampfter. Zudem hilft folgende Überlegung: Was wäre denn das Allerschrecklichste, was passieren würde, wenn Sie sich nicht so verhalten würden, wie Sie denken, dass man es von Ihnen erwartet?

Positive Affirmationen können zudem helfen, den Umgang mit Stress zu erleichtern. Beispielhaft seien folgende Aussagen genannt, die Sie für sich persönlich passend machen können:

- Ich bin ganz ruhig.
- Ich fühle mich gut.
- Ich bin locker und gelassen.
- Gelassen sehe ich dem nächsten Gespräch entgegen.
- Ich bleibe auch ruhig, wenn die anderen hektisch sind.

Schreiben Sie eine dieser Affirmationen auf einen Zettel und kleben Sie diesen an eine Stelle im Raum, den Sie dann sehen können, wenn Sie in eine bestimmte Stress-Situation gelangen. Das hilft!

Wir wollen im Laufe des Buches nicht nur auf den Faktor Stress, sondern auch auf seinen Gegenspieler Gelassenheit eingehen.

Beispiel

Ereignis: Der ICE hat 40 Minuten Verspätung
Bewertung: Sie kommen zu spät zu einem wichtigen Geschäftstermin

Schlechte Reaktion / Handlung	Gute Reaktion
Sie sind wütend und enttäuscht	Es ist, wie es ist
Sie schauen andauernd auf die Uhr	Einatmen, Ausatmen, Weiteratmen
Sie rufen den Kunden und Ihren Vorgesetzten an. Der Chef macht Ihnen noch mehr Druck und Vorwürfe, wie so etwas passieren konnte	Ich kann nichts daran ändern

Zur Erläuterung

Bedenken Sie:	Der Zug kommt nicht schneller, nur weil Sie permanent auf die Uhr schauen oder sich ärgern. Mit dem Ärgern steigern Sie Ihren Blutdruck und schaden Ihrer Gesundheit.
Maßnahmen:	Einatmen, Ausatmen, Weiteratmen,
Akzeptanz der Situation:	*Es ist, wie es ist.* Sie können nichts an der Situation ändern. Es liegt außerhalb Ihres Einflussbereichs, dass der ICE zu spät kommt.
Reflexionsfrage:	Was könnte schlimmstenfalls passieren? Was hat diese Verspätung in einem Jahr für eine Bedeutung für Ihr Leben? Visualisieren Sie diese Situation.

Maßnahmen: Nicht mehr gegen sich selbst anrennen. Doch Gelassenheit lässt sich nicht mit einem Schalter auf „EIN“ stellen und den Stress auf „AUS“ schalten.

Jedoch denen auf dem Weg zur inneren Gelassenheit Stolpernden können wir ein wenig helfen, neue Wege im Umgang mit dem Stress aufzuzeigen. Das setzt allerdings Veränderungsbereitschaft voraus.
Wichtig ist sich zu vergegenwärtigen, dass negative Überzeugungen und emotionale Glaubenssätze oft die Ursache für Stress-Symptome sind.

Beispiel: Muskelverspannung

Erster Stress durch negative Überzeugungen äußert sich z.B. in unbewussten Muskelverspannungen. Die verspannten und verkrampften Muskeln führen dann durch den Dauerstress und die damit verbundenen Energieblockaden zu Nacken- und Wirbelsäulenschmerzen. Der stressgeplagte Mensch gelangt in einen Teufelskreis: Die emotionale Verspannung führt zur Fehlhaltung, diese erzeugt die Schmerzen und der Schmerz verschlimmert die emotionalen und körperlichen Verspannungen.

3.8 Dampf ablassen

Wenn der innere Druck vor lauter Stress und Ärger zu stark angestiegen ist, brauchen wir Ventile, damit der innere Dampfdruckkessel nicht platzt. Machen Sie Ihren Gefühlen Luft – das gibt Ihnen eine kurzfristige Erleichterung. Wenn Sie Ihre Arbeit nach einer extrem stressigen Situation nicht unterbrechen können, um Sport zu machen, aber am liebsten wie ein HB-Männchen in die Luft gehen wollen, bringt es manchmal bereits etwas, wenn Sie im Treppenhaus des Bürogebäudes ein paar Stockwerke schnell herauf und herunterlaufen, oder für 30 Sekunden so schnell Sie können mit den Fäusten in die Luft gegen einen imaginären Gegner boxen, um den Stresspegel abzubauen. Das ist zudem konstruktiver als wenn Sie Ihre Mitarbeiter oder Kollegen anbrüllen.

Hintergrund: Die Stresshormone zirkulieren zwischen 8 und 48 Stunden in unserem Körper. Wenn wir uns beim Sport so richtig auspowern und austoben können, können wir nachts auch wieder besser ein- und durchschlafen.

Gönnen Sie sich nach einem harten Arbeitstag einen Ausgleich.

Sport bzw. körperliches Ausgleichtraining halten uns fit und gesund. Sie tragen dazu bei, dass der Stress abgebaut und die Stress-Resistenz sowie die Belastbarkeit erhöht wird.

Wichtig jedoch ist, dass Sie es mit den sportlichen Leistungen nicht übertreiben und keine neuen Stress-Situationen entstehen lassen.

Setzen Sie sich selbst nicht unter Druck, in dem Sie Höchstleistungen erreichen wollen und eine neue Wettbewerbskarriere beginnen.
Körperlicher Ausgleich – das bringt ihnen „Zehn auf einen Streich" – Sie investieren ein wenig Zeit und Schweiß und erhalten als „Auspower-Gewinn", was in der folgenden Übersicht aufgeführt ist:

Auspower-Gewinn	**Erläuterung**
Entspannung	Zu dauernder Anspannung im Beruf gehört ein Entspannungs-Programm in der Freizeit. Wir brauchen körperlichen Ausgleich zu einem kopflastigen und bewegungsarmen Bürojob, damit unser einseitig beanspruchter Körper nicht erschlafft Zudem wird der Stress-Pegel signifikant gesenkt.
Distanz	Sport ermöglicht es uns, Abstand zu Problemen und Stressmomenten zu gewinnen.
Schönheit, Stärke und Schlanksein	Sport ermöglicht den Abbau überflüssigen Fettes. Nebenwirkung: Die Waage zeigt weniger an und Ihre Körperhaltung und das Aussehen ändern sich. Sport macht schön.

Gesundheit	Physiologisch wird die Muskulatur besser durchblutet, das Herz wird in seiner Kraft stärker, Blutdruck und Pulsfrequenz können gesenkt werden, das Atemvolumen wird gesteigert, Stoffwechselprodukte werden schneller abgebaut. Das Immunsystem wird gestärkt – Sie sind weniger leicht erkältet.
Schutz für Ihr Herz	Regelmäßig betriebener Sport reduziert das Herzinfarktrisiko und beugt Schlaganfällen vor. Hintergrund: Der Blutdruck wird gesenkt, die Blutgerinnung wird herabgesetzt und die Blutfette verbessern sich.
Glück	Durch Ausdauersport werden Serotonin und Endorphine freigesetzt. Jeder Läufer kennt die Glücksgefühle, die uns den Kick geben, weiter zu laufen.
Pure Kreativität	Die Hirnpower steigt durch die ausgeschütteten Hormone Adrenalin und Noradrenalin. Sie werden kreativ und sind voller Schaffensdrang. Wenn Sie sich richtig auspowern, kreist das Adrenalin nicht weiter in der Blutbahn.
Siegessichere Ausstrahlung	Ein stählerner Körper mit kraftvollem Auftreten hat psychologische Auswirkungen auf die Umwelt: Sie wirken nicht nur selbstbewusster und strahlender, sondern auch vertrauensvoller. Siegessicher werden Sie erfolgreich.
Stütze und Stärkung der Knochen	Ein starker Rücken und gute Bauchmuskeln verringern Rückenschmerzen und die Gefahr eines Bandscheibenvorfalls. Ihre Haltung verbessert sich. Körperliche Aktivität vermindert die Gefahr einer Osteoporose.
Ein- und Durchschlafhilfe	Schlafstörungen reduzieren sich signifikant, Sie können besser ein- und durchschlafen.

Quälen Sie sich aber nicht, ein hohes Pensum ableisten zu müssen, indem Sie sich auch in der Freizeit unter Druck setzen, sondern starten Sie mit himmlischen Vergnügen, guter Laune und Spaß eine Körper-Rundum-Wohlfühlaktion, um sich von den Strapazen des Tages zu erholen.

> Das Zauberwort heißt: ANFANGEN – Auch lange Wege beginnen mit den ersten Schritten.

Oft ist es der innere Schweinehund, der uns nach dauerstressbedingter Erschöpfung und Unlust davon abhält, uns jetzt auch noch körperlich zu betätigen. Wenn Sie diesen ersten Schritt in Richtung körperlicher Fitness machen, haben Sie bereits begonnen.
Es gibt so viele Möglichkeiten, Sport zu treiben – Sie werden sicher etwas finden, was Ihnen liegt und Spaß macht. Um Ihre Leistungsfähigkeit systematisch zu optimieren, besorgen Sie sich am besten ein gutes Buch über Ausdauertraining, Rückentraining oder vertrauen Sie sich professioneller Hilfe in seriösen Sportinstitutionen an. Je nach Trainingszustand wird Ihnen ein nach Ihren Bedürfnissen und Möglichkeiten maßgeschneidertes Programm zusammengestellt.
Alternativ können Sie es auch mit Tanzen versuchen und den Stress ganz einfach abtanzen. Viele After-Work-Parties machen sich diesen Faktor erfolgreich zunutze. Nach einem harten Stress-Kampf am Arbeitsplatz können Sie eine After-Stress-Party feiern.

3.9 Lachen als Stressventil

Lachen Sie den Stress ganz einfach weg. Das von dem Inder Dr. Madan Kataria erfundene Lachyoga hat bereits in über 50 Städten in Deutschland Hochkonjunktur. Hier kichern, gackern, lachen und prusten Menschen in allen Varianten des Hahaha, Hohohaha, Hihihi und Hooohahahaha in mehrstimmigen Chören. Neben der Aktivierung Ihrer Lachmuskeln tun Sie Ihrem Immunsystem, dem Herzen und der Lunge einen guten und gesunden Liebesdienst. Die Kombination aus speziellen Atemübungen mit künstlichem Lachen erzeugt einen unwillkürlich echten Heiterkeitsreflex mit angenehmen Nebenwirkungen für die eigenen Abwehrkräfte. Diese Frohsinn-Gymnastik lässt uns glücklich kichern. Obwohl Lachen ansteckend ist, reduziert es die Stresshormone und das Schmerzempfinden und stärkt das Immunsystem. Ferner wird der Atemrhythmus normalisiert, die Lungenkapazität optimiert und der koronarprotektive Sauerstoffspiegel im Blut erhöht. Humor hilft heilen – Wer häufig und gern lacht, wird schneller gesund.

3.10 Atmung/Vitalkapazität

Die Atmung ist eine Vitalfunktion unseres Lebens. Dabei laufen das Einatmen, das Ausatmen und das Weiteratmen automatisch ab – Sie müssen diese lebenswichtige Tätigkeit nicht aktiv betreiben.

In entspannter Ruhe ist unsere Atmung rhythmisch, entspannt und langsam. In chronischen Stress-Situationen ist sie schnell und flach. Hier hilft oftmals eine Art Sauerstoff-Dusche: Raus aus dem Budenmief – gönnen Sie Ihren Lungen frischen Wind durch einen Sauerstoff-Booster. Nutzen Sie Ihre komplette Vitalkapazität und atmen Sie nicht auf Sparflamme. Durch kräftiges Atmen können Sie den Stress-Dampf ablassen, der uns den Druck macht. Wir müssen dem Atem den Raum geben und den Atem fließen lassen. Nach dem Auftanken können Sie erfrischt wieder durchstarten.

Viele Menschen atmen falsch. Folgen: Neben dem unökonomischen Arbeiten der Atemmuskulatur kommt es zu Verkrampfungen und einem Ansteigen des Erregungsniveaus.

> Atemtechniken können helfen, die Atmung zu beruhigen, sich selbst für den eigenen Atemrhythmus zu sensibilisieren und zur Entspannung zu gelangen.

Auf der folgenden Seite finden Sie eine konkrete Übung für die meist Betroffenen, nämlich die „Büro-Menschen".

Büro-Übung zur Atmung

Nehmen Sie sich eine Auszeit, lüften Sie Ihren Raum, dunkeln Sie ihn ggf. ein wenig ab und lockern Sie Ihren Kragen, Gürtel und die Schnürsenkel und legen Sie sich ganz entspannt mit angewinkelten Beinen auf den Rücken. Sinnvollerweise sollten Sie während der Übung nicht gestört werden. Leiten Sie Ihr Telefon weiter, schalten Sie Ihr Handy aus und hängen Sie ein Schild an die Tür, dass Sie jetzt nicht gestört werden möchten.

Schließen Sie die Augen und atmen Sie ruhig durch die Nase ein. Die Ausatmung sollte ganz gleichmäßig durch den Mund erfolgen. Sie sollten so schnell oder langsam atmen, wie es für Sie angenehm ist. Um den Fokus auf die Bauchatmung zu legen, legen Sie jetzt die Innenflächen Ihrer Hände auf Höhe des Bauchnabels auf den Bauch, sodass sich die Fingerspitzen über dem Nabel berühren. Spüren Sie das Heben und Senken des Bauches während des Atmens: Bei der Einatmung hebt sich der Bauch und die Hände mit ihm durch das Senken des Zwerchfells. Bei der Ausatmung wird der Bauch wieder flach und die Hände kehren an die Ausgangsposition zurück. Konzentrieren Sie sich ganz einfach auf Ihren Bauch – das Heben und das Senken.

3.11 Die persönliche Zielvereinbarung zum Umgang mit Stress

Um in Zukunft besser und gelassener mit Stress umzugehen, bietet sich zur Verstärkung der geplanten persönlichen Fair-Änderung das Abschließen einer persönlichen Zielvereinbarung nach dem Management by Objectives Modell (MbO) an. In ihr wird genau aufgelistet, welche konkret messbaren Maßnahmen Sie einleiten werden. Legen Sie die Kriterien zur Zielerreichung schriftlich fest, definieren Sie Handlungen, die erfolgen müssen, falls das Ziel nicht erreicht wird. Formulieren Sie eine Belohnung, wenn es erfüllt oder übererfüllt wird. Wichtig ist, dass Sie die Zielvereinbarung veröffentlichen – indem Sie z.B. Ihren Partner oder Freunde einbinden. Das Einbinden verstärkt die Handlungsnotwendigkeit ganz enorm.

Persönliche Anti-Stress-Jahreszielvereinbarung
(als Beispiel)

Jahres-Ziel: Stressbewältigung und Wege zur Gelassenheit

Das Ziel ist erreicht, wenn ich bis zum 01. Oktober 20..
- den Tag mit einem entspannten Frühstück nach einer guten Frühgymnastik beginne,
- meinen Terminkalender nicht mehr komplett verplane,
- jeden Tag eine Verabredung mit mir selbst treffe und mir eine kurze Auszeit gönne,
- Klarheit verschaffe, welche Aufgaben ich delegieren kann, damit ich mich um wesentliche Dinge kümmern kann,
- einmal wöchentlich meinen Schreibtisch aufräume und für Ordnung und Überblick sorge,
- an drei Tagen einfach mal gar nichts mache – im Bett bleibe oder einfach die Seele baumeln lasse – einfach so,
- ab April zweimal wöchentlich zum QiGong gehe,
- mich am Wochenende mit meiner Freundin zum Walken verabrede,
- in Stress-Situationen gelassener bleibe und mich nicht mehr selbst so ernst nehme,
- die Symptome meines Körpers sehr genau wahrnehme und mehr auf mich selbst achte.

Bemerkungen:
Bei voller Zielerfüllung gönne ich mir ein Wellness-Wochenende im Schwarzwald.
Bei Übererfüllung leiste ich mir ein einwöchiges Yoga-Seminar auf La Palma
Bei Nichterfüllung beginne ich nochmals von vorn, überprüfe die Ziele und mache mir erneut Gedanken, wie ich in Zukunft besser mit Stress umgehen kann.

Datum, Unterschrift

Und Sie? Jetzt sind Sie an der Reihe – Schreiben Sie Ihre persönliche Jahreszielvereinbarung zur Stressbewältigung auf und verpflichten Sie sich selbst gegenüber, diese auch einzuhalten.
Ergänzend: Eine solche Vereinbarung nennt man (bekanntlich) auch Commitment. Zur Vertiefung der Themen Zielsetzung, Anreize und Commitement verweisen wir auf die Literatur (eine knappe, praxisnahe Einführung finden Sie in „Motivationstechniken" in der Reihe Pocket Business).

3.12 Negativkompensationen durch Alkohol, Medikamente und Drogen

Nur kurz ein paar Anmerkungen zu den schlechten Seiten im Umgang mit Stress: Wenn der Stress im Arbeitsalltag überhand nimmt, verspricht der schnelle Griff zur Tablette, Stress und Ärger zu erleichtern und besser zu ertragen. Tablettenabhängigkeit bleibt oft unerkannt und kann zur stillen Sucht werden. Stress im Büro, Angst um den Arbeitsplatz, Unsicherheit, wie es weiter geht und dann auch noch Streit mit dem Partner – Tabletten versprechen schnelle Linderung. Doch was mit der harmlosen Tablette gegen Kopfschmerzen und Gemütsschwankungen anfängt, kann in einer Sucht enden, aus der Betroffene nur schwer wieder herausfinden.
Aufputschmittel, Alkohol und Drogen sind Krücken, Flucht oder Rückzug aus einer als fremdbestimmt, beängstigend oder unlustvoll erlebten Lebenswirklichkeit.

> Durch ein vermeidendes Verhalten oder ein Davonlaufen vor der Wirklichkeit ändern wir nichts – im Gegenteil, wir fixieren die bestehenden Verhältnisse.

Vermehrter Alkoholkonsum und Drogen sind Selbst-Sabotage. Wenn Sie beispielsweise nachts nicht einschlafen können, ist dies ein klares SOS-Signal des Körpers, dass es so nicht weiter gehen kann. Wenn Sie lediglich das Symptom ausschalten, indem Sie Schlaftabletten oder Alkohol in erhöhter Menge zu

sich nehmen und nicht an die Wurzel des Problems gehen, ist dies so, als wenn Sie bei einer Alarmanlage, deren Alarmsignal laut und störend hupt, lediglich den Schalter auf AUS kippen anstatt den Grund dafür zu suchen, warum die Anlage angeschlagen hat. Alkohol, Medikamente und Drogen sind nie eine Lösung für ein Problem.
Wie steht's bei Ihnen mit Medikamenten, Alkohol oder gar Drogen? In welchen Situationen greifen Sie zu Tabletten? Veränderungen setzen bereits ein, wenn Sie sich bewusst machen, WANN Sie auf WELCHES Ereignis WIE reagieren.

3.13 Balance finden

Die Balance von Körper, Seele und Geist ist eine wichtige Voraussetzung für eine gesunde Stressbewältigung. Uns allen sind Gesundheit, Wohlbefinden und Lebensqualität wichtig. In den letzten Abschnitten haben wir erfahren, wie wir besser mit Stress umgehen können, indem wir uns selbst ändern, indem wir mit der Situation besser umgehen und Ereignisse in Zukunft anders bewerten und so unsere Einstellung ändern. Das verloren gegangene Gleichgewicht wieder herzustellen ist eine der größten Herausforderungen an uns alle in der von Effizienz getriebenen Globalisierungsgesellschaft. Bezüglich des Dreiklangs von Körper, Seele und Geist möchten wir auf das folgende Kapitel 4 verweisen. Als Ergänzung zu den bisher vorgestellten Maßnahmen zur Stressbewältigung wollen wir psychodynamisch orientierte ganzheitliche Wege vorstellen, eine ressourcenorientierte Unterstützung aufzeigen und verdeutlichen, wie Sie mithilfe von Meditation und Entspannungsverfahren zu mehr Gelassenheit gelangen können.

Zuvor betreiben wir Qualitätssicherung – auf der folgenden Seite finden Sie einen Fragebogen, wie Sie ihn aus diesem Buch schon zwei Mal kennen. Lesen Sie alle Fragen in Ruhe durch und kreuzen Sie die Antwort an, die Ihnen Ihrer Meinung nach am ehesten entspricht.

Überprüfungsfragen zur Stressbewältigung

1. Innerlich bin ich ruhig und gelassen.
2. Ich schlafe wie ein Murmeltier – tief und fest.
3. Wenn ich morgens aufwache, fühle ich mich kraftvoll und wie neu geboren.
4. Meine Energiereserven sind voll aufgefüllt.
5. Meine Muskulatur ist locker und entspannt.
6. Mein Kopf ist klar und wach.
7. Mir gelingt es auch nach einem hektischen Arbeitstag, zu Hause loszulassen, mich zu entspannen und abzuschalten.
8. Proaktiv übernehme ich volle Verantwortung für mein Leben.
9. Auch bei einer angespannten Arbeitssituation kann ich gut NEIN sagen und erfolgreich delegieren.
10. Ich weiß, was ich kann und baue voller Vertrauen auf meine Talente, Stärken und Fähigkeiten.
11. Meinem Bauchgefühl und meiner Intuition kann ich vertrauen.
12. Magenschmerzen oder Verdauungsprobleme sind mir fremd.
13. Neues fasziniert mich als neugierigen Menschen.
14. Ich verzettele mich nicht, sondern konzentriere mich auf das Wesentliche in meinem Leben.
15. Meine Hände und Füße sind trocken und warm.
16. Wenn viele Kollegen etwas von mir wollen, bleibe ich dennoch gelassen und entspannt und entscheide nach Priorität.
17. Ich arbeite gern, aber nur so viel, wie es mir gut tut.
18. Ich sprudele vor Ideen, Neugierde und guten Einfällen.
19. Ich habe Zeit für Freunde, Partnerschaft und die Familie.
20. Weil mir meine Gesundheit wichtig ist, achte ich auf eine ausgewogene Ernährung.
21. Mein Gedächtnis funktioniert wie ein Super-Hochleistungsrechner – schnell, präzise und effektiv.
22. Ich mache regelmäßig Sport.
23. Ich bin hervorragend organisiert und habe alles im Überblick.
24. Mein Herz bereitet mir keine Probleme.
25. Ich kann gut abschalten und mich jederzeit und überall hervorragend entspannen.

	stimmt immer (6 Pkte)	stimmt häufg (4 Pkte)	stimmt ab und zu (2 Pkte)	stimmt gar nicht (0 Pkte)

Auswertung

Bilden Sie die Gesamtpunktzahl. Je höher diese Punktzahl ist, desto besser können Sie mit Stress umgehen und desto gelassener sind Sie. Je niedriger die Punktzahl, desto mehr sollten Sie sich mit den Möglichkeiten und Methoden der Stressbewältigung vertraut machen.

Auf den Punkt gebracht

Grundsätzlich lassen sich kurzfristige Maßnahmen von mittel- bis langfristigen Veränderungs- und Problemlösungsstrategien abgrenzen. Die Ansatzhebel zum effektiven Umgang mit Stress sind dementsprechend

- bei der Stress-Situation, indem wir durch Instrumente und Methoden die Erregung drosseln und verhindern, dass wir in die Stress-Spirale einsteigen,
- bei den Stressoren, indem wir die Stress-Situationen vermeiden, minimieren oder ausschalten,
- bei uns selbst, indem wir Methoden zur Problemlösung einsetzen, Bewertungen von Stress-Situationen modifizieren, Verhalten ändern, proaktiv Dinge gestalten und die Verantwortung für unser Handeln übernehmen und durch Entspannungsverfahren zu mehr Gelassenheit kommen. Wichtig ist die Balance von Körper, Seele und Geist.

Stressmanagement kann nicht punktuell funktionieren, sondern nur als längerfristiger Prozess, denn:

- Stressmanagement bedeutet Lebensmanagement im Alltag – im Einklang mit uns selbst. Sofortlösungen existieren nicht, da unsere Verhaltensmuster eingeschliffene Pfade sind, die Sie aber verlassen können. In einem gesunden Mix aus An- und Entspannung können Sie Maßnahmen für Ihr eigenes Selbstmanagement aufsetzen, damit Sie sich „fair" ändern können.
- Eine „Anti-Stress-Pille" gibt es nicht, denn es geht primär darum, einen Perspektivenwechsel vorzunehmen. Durch den Wechsel des Blickwinkels sind die Voraussetzungen zu mehr Gelassenheit geschaffen. Mit dem richtigen Dreh wandeln Sie die negative Stress-Energie in pure und kreative Lebensenergie um.
- Nicht schneller-höher-weiter, sondern situationsadäquat handeln heisst die Devise. Hierbei haben wir gelernt, dass wir Stress als Problem betrachten können und dann Problemlösungswege unter Zuhilfenahme geeigneter Problemlösungstechniken erfolgreich beschreiten können – Stress als Projekt.
- Machen Sie eine persönliche Zielvereinbarung zum Umgang mit Stress und nutzen Sie die Instrumente und Methoden aus dem Projektmanagement im Umgang mit Stress-Situationen.
- Nach der Zehn-auf-einen Sreich-Regel können Sie durch gezieltes körperliches Auspowern den Stress-Pegel senken und Ihrem Körper wirklich Gutes tun. ANFANGEN heißt das Zauberwort.
- Vermeiden Sie übermäßigen Alkoholgenuss oder die Einnahme von Aufputsch- oder Einschlafmitteln und verzichten Sie auf Drogen.

4 Prophylaxe und Prävention

In diesem Kapitel wollen wir „schützende" Faktoren zum gesunden Umgang mit dem Phänomen Stress vorstellen. Wichtig ist, dass Sie Stress-Signale rechtzeitig erkennen und proaktiv präventiv tätig werden. Bildlich ausgedrückt könnte man sagen, dass wir die Landeflächen für den Stress verkleinern.

Das Phänomen Stress entsteht häufig deshalb, weil der notwendige Abstand zu uns selbst, zu anderen Menschen, zu unseren Aufgaben und der Arbeit verloren geht.

> Entscheidend ist, dass wir mindestens einmal pro Monat aus dem Routinerad aussteigen und eine Standortbestimmung durchführen.

Wenn unterschiedliche Rollenerwartungen, To-Do-Listen und Fremdbestimmungen an unseren Energiereserven nagen, fehlt uns die Möglichkeit einer Selbst-Be-SINN-ung und Orientierung. Diese sind jedoch entscheidend für ein Andocken an uns selbst und auch zum Umgang mit dem Stress. Bei dieser Standortbestimmung können wir eine Revision des Lebensrhythmus vornehmen und die Lebensprioritäten neu justieren. Machen Sie sich auch Gedanken über Ihre Beziehungen – Beziehungen geben uns viel – und können uns auch Energie abziehen. Wie lassen sich stressfreie Bedingungen erreichen? Wie steht es um die Dimensionen Vertrauen, Respekt, Offenheit, Commitment, Gelassenheit? Was ist wirklich wichtig?
In der Literatur zum Selbstmangement (z.B. in dem Buch „Jörg-Peter Schröder, Machen Sie doch, was Sie wollen", Offenbach, 2003) wird beschrieben, wie Sie Ihre Lebensvision und Mission formulieren, persönliche Ziele definieren und einen Aktionsplan aufstellen und erfolgreich umsetzen können.

Zu einer aktiven stressarmen Lebensführung gehören neben den analytisch zugänglichen Dimensionen wie Selbstmanagement und Zeitbewusstsein auch die intuitive, emotionale und körperliche Dimension.

Wir müssen unseren eigenen Biorhythmus stärker berücksichtigen und seelisch-körperlich-geistige Tankstellen kennen, bei denen wir unsere Energie wieder aufladen können, damit wir mit Stress leben können.
Das Aufsetzen von Präventionsmaßnahmen, wie wir in Zukunft mit derartigen Situationen umgehen hat das Ziel, eine Balance von Körper, Seele und Geist aufzubauen. Die Work-Life-Balance soll so optimiert werden, dass Sie zu Ihrer Arbeit einen optimalen Ausgleich haben. Mit einem Flügel – lediglich der Arbeit – kann man nicht fliegen. Durch Prävention und Entspannung sinkt der stressbedingte Affektstau und das neue Selbstwertgefühl und das -Vertrauen verleihen Flügel.

4.1 Entspannungsverfahren und Meditation

In unserer Hektomatikwelt fokussieren die Aus- und Weiterbildungsideale der westlichen Gesellschaft auf Fähigkeiten wie Intelligenz, Verstand, analytisches Vermögen, Sprache, Logik, rationales Denken, Wissen, gute Klausurzensuren und Prädikatsexamen in Mindeststudiendauer. Die für die Führung unserer „Innenwelt“ – unseres „inneren Unternehmens“, also die Soft-Skills Intuition und intuitives Denken, emotionale Intelligenz, Musikalität und Kreativität erscheinen eher nebensächlich. Einseitigkeit und Unausgewogenheit jedoch führen in die Sackgasse. Die Folgelasten sind – auch monetär – enorm.
Wir möchten drei Möglichkeiten aufzeigen, zu mehr Gelassenheit und Entspannung zu gelangen.
Diese sind:
- Muskelentspannung,
- Autogenes Training,
- Meditation.

4.1.1 Muskelentspannung

Die Muskelentspannung erzielt primär eine Lockerung Ihrer Körpermuskulatur und setzt auf der motorischen Ebene der Stressbewältigung an. Ein Beispiel ist die progressive Muskelrelaxation nach Jacobsen. Hierzu drei kleine Übungen für Menschen, die an Bildschirmarbeitsplätzen arbeiten und häufig über Nackenmuskelverspannungen klagen:

Übung(en)

Phase 1: Entspannung
Setzen Sie sich mit aufrechter Wirbelsäule entspannt auf Ihren Bürostuhl und verschränken Sie die Hände im Nacken. Die Finger sind wie zum Gebet gefaltet.
Versuchen Sie nun, die Ellenbogen vorn zusammen zu führen. Atmen Sie gelassen ein und aus und konzentrieren Sie sich auf den leichten Zug in Ihren Nackenmuskeln. Während des Einatmens lockern Sie jetzt die Position Ihrer Ellenbogen.
Wiederholen Sie diese Übung circa 8 Mal – so beugen Sie einer Verspannung effektiv vor.

Phase 2: Dehnung
Bleiben Sie mit geradem Rücken auf dem Bürostuhl sitzen und führen Sie Ihren rechten Arm zur linken oberen Kopfhälfte, so dass die Spitze des Mittelfingers fast den Oberrand des linken Ohrs berührt. Ihre linke Hand hält sich am Stuhl fest.
Nun ziehen Sie den Kopf ganz sanft unter gleichmäßigem Zug zur Seite. Lassen Sie den Kopf auch seitlich entspannt hängen.
Halten Sie diese Position circa 15 Sekunden, dann richten Sie den Kopf wieder ganz langsam auf. Anschließend wechseln Sie die Seite.

Phase 3: Isometrische Anspannung gegen Widerstand
Bleiben Sie mit geradem Rücken auf dem Bürostuhl sitzen und führen Sie Ihren rechten Arm zur rechten oberen Kopfhälfte, so dass die Spitze des Mittelfingers den Mittelscheitel berührt. Der Übergang von der Handfläche zum Handgelenk liegt am Oberrand des rechten Ohrs.
Nun drücken Sie den Kopf ganz sanft und gleichmäßig gegen den Widerstand der rechten Handfläche. Halten Sie den Kopf dabei gerade.
Halten Sie diese Position circa 20 Sekunden, dann verringern Sie den Druck wieder. Anschließend wechseln Sie die Seite.

4.1.2 Autogenes Training

Das autogene Training setzt am vegetativen Nervensystem an und unterstützt hier den Umgang mit dem Stress. Die Darstellung übersteigt den Rahmen dieses Buches – schauen Sie doch einfach mal in eines der vielen dazu existierenden Bücher, um sich ein Bild zu machen, ob es für Sie interessant sein könnte und buchen Sie im positiven Fall einen entsprechenden Kurs.

4.1.3 Meditation

Die Meditation hat ihren Ansatzhebel auf der kognitiven Dimension. Die Meditation ist eine sehr einfache und effektive Methode, um eine umfassende Entspannung von Geist, Körper und Seele zu bewirken. Meditation entspannt den gesamten Körper und führt zu einer Beruhigung des vegetativen Nervensystems. Dies setzt jedoch voraus, dass Ihr Körper auch ruhig und entspannt ist. In einer angespannten Situation, äußerlichem Lärm, verspannten Muskeln und unruhigem Geist lässt es sich nicht meditieren. Die Meditation setzt daher ein gewisses Maß an Entspannungsbereitschaft und -fähigkeit voraus. Die Meditation ist mehr als nur eine Technik. Sie führt bei vielen zu einem ergreifenden Erlebnis.

Meditation löst keine Probleme, indem sie unsere Gefühle oder Gedanken verändert. Es ist aber sehr wohl möglich, die routinierten Gedankenspiralen und Endlosschlaufen des Denkens zu unterbrechen, um erst einmal wieder still zu werden und innezuhalten.

Aus dieser Stille können sich dann neue Sichtweisen, Möglichkeiten und Blickwinkel eröffnen, die neue Lösungen für bisher alte Probleme schafft. Menschen, die häufig meditieren, sehen mehr Möglichkeiten, sind entspannter, flexibler, bewusster und letztlich auch freier in ihren Emotionen, Denken und Handeln. Doch in unserer verkopften Welt sind wir es nicht mehr gewohnt, still zu sein und innezuhalten und dabei zu überlegen, was wir anders machen könnten. Anstatt dessen erhöhen wir einfach den Druck, verstärken unsere Bemühungen und zwingen uns in der gewohnten Richtung weiter zu gehen – auch wenn es eine Einbahnstraße ist. Wenn der Druck steigt, steigen auch oft die Widerstände – deshalb ist es so wichtig, innezuhalten.
Doch still zu sein und innezuhalten ist für viele sehr ungewohnt, macht nervös und unruhig – sind wir es doch gewohnt, ständig von einem äußerlichen Informationsrauch umgeben zu sein: Fernsehen, Nachrichten, Radio, Mails, Anrufe, persönliche Kommunikation, Zeitungen und Artikel.

Das in sich Hineinlauschen ist jedoch genau so wichtig wie die Kommunikation im Außen.

Der Stress und die äußerliche Hektik engen den Blickwinkel und unsere Wahrnehmung extrem ein. In der Problemsichtweise verlieren wir die Sicht für die Möglichkeiten und werden so blind für das, was sein könnte und bleiben in dem alten Vorstellungsmuster, was geht, und was nicht.
Meditation ermöglicht es, unser digitales Denken nach dem Entweder-Oder-Prinzip durch ein mehrdimensional offenes Denken nach dem Sowohl-als-auch-Prinzip zu erweitern. Die Meditation ist ein Vehikel zu mehr Gelassenheit und hilft uns

in die Welt des Sowohl-als-auch zu transformieren. Die Meditation erlaubt es uns, Distanz zu bekommen, um die eigene Engstirnigkeit (Denken) zu überwinden. Aus der Perspektive des locker entspannt Distanzierten lassen sich viele Probleme viel besser überblicken.
Motto: Halte an und inne – Meditation ermöglicht Ruhe, Distanz, Klarheit und Absichtslosigkeit. Meditationen helfen, innere Blockaden aufzubrechen und die eingefahrenen Bahnen zu verlassen. Das Ziel ist es daher, deutlicher wahrzunehmen und insgesamt zu einem mehr integrierten erfüllten Leben zu finden. Selektivität, Eindimensionalität, Betriebs-Blindheit und Illusionen können erkannt und beseitigt werden. Konsequent angewendet bieten Meditationsverfahren bisher verborgene, verschüttete oder nicht genutzte Möglichkeiten, Kräfte und Energien wieder zu entdecken, wieder zu beleben und so die innere Harmonie wieder herstellen zu können.

Kleiner Exkurs in die (Kultur-)Geschichte

Die Integration ist ein maßgeblicher Faktor der Lebenserfüllung. Techniken der Meditation gibt es wahrscheinlich bereits so lange, wie es den Menschen gibt. Vorläufer dieser Verfahren kommen bereits aus der Jungsteinzeit und finden sich in allen Kulturen des Menschen.
Die meisten uns bekannten Verfahren kommen direkt oder indirekt aus dem fernöstlichen Kulturkreis. Doch auch in der abendländischen Kultur – Meister Eckhart (1260 – 1327) schrieb in seiner Predigt „Über die Selbstentäußerung“ – hatte die Meditation bereits ihre Bekanntheit.
Die drei wohl in der westlichen Welt bekanntesten Meditationsformen kommen aus

- Indien (Yoga),
- der islamischen Welt (Sufismus) und
- aus Japan und dem fernen Osten (ZEN-Meditation).

Diese gelehrten Meditationstechniken sind eingebettet in eine komplexe, geschichtsträchtige, weltanschauliche oder religiöse Welt (Hinduismus, Islam, Buddhismus).

In den nachfolgenden Betrachtungen geht es – im Zusammenhang dieses Buches zum Stressmangement – natürlich nicht um die gesellschaftlichen oder religiösen Aspekte, sondern um eine Darstellung der konzentrativen Meditationstechniken und ihre Auswirkungen auf die Entspannung des Körpers und des Geistes.

Praktische Hinweise für die Meditation

- Sorgen Sie für ein ruhiges Ambiente zum Meditieren.
- Sie können auf dem Fußboden, Bett, Couch, Stuhl oder einem Sessel meditieren.
- Schließen Sie die Augen.
- Bequeme Kleidung ist wichtig: Legen Sie Gürtel, Brille, Armbanduhr, Schmuck, Schuhe ab.
- Stimmt die innere Einstellung – oder sind Sie mit den Gedanken bereits im nächsten Meeting?
- Welche Übungszeit passt am besten?
- Kehren Sie nach der Meditation wieder zurück und wenden Sie sich dem normalem Tag wieder erfrischt zu.
  Das bedeutet auch eine Rückkehr in das normale Erregungsniveau.
- Überlegen Sie die Zielsetzung der Meditationsübungen.

Die Meditation umfasst folgende Anteile

- Einstimmung
- Äußere Vorbereitung
- Innere Vorbereitung
- Meditation
- Beendigung

Es existiert eine Anzahl unterschiedlicher Meditationsformen. Bei der visuellen Meditation wird die Konzentration auf einen Gegenstand – zum Beispiel ein Bild an der Wand als Fixationspunkt der Aufmerksamkeit – gerichtet.
Bei der Musikmeditation wird mit Klängen und der akustischen Dimension gearbeitet.

Eine Sonderform ist die Mantrameditation. Hier wird davon ausgegangen, dass jeder Laut eine Vibration in unserem Körper erzeugt. Analog dem Resonanzboden einer Gitarre, der von den Schwingungen der Saiten ebenfalls zum Mitschwingen veranlasst wird und erst dadurch den Einzeltönen zu einem vollen Klang verhilft, springt der Körper an und verstärkt und moduliert durch feinste Vibrationen die in unserem Mund und Rachenraum erzeugten Töne.
Die Mantrameditation nutzt den Körper als Resonanzboden zum Mitschwingen. Unterschiedliche Vokale führen zu verschiedensten Wirkungen in unseren Körperräumen. Diese Art der Meditation hat einen atemregulierenden und -therapeutischen Effekt: Die Vokalraumarbeit wird zur Lösung und Lockerung des Körpers genutzt.

Achten Sie bei der Meditation auf die Wahrnehmung Ihres gesamten Körpers:

- Kopf
- Gesicht
- Nacken
- Wirbelsäule
- Bauch
- Beckenbereich
- Arme, Hände, bis in die Fingerspitzen
- Oberschenkel, Unterschenkel, Füße bis in die Fußspitzen

Meditation hat nicht das Ziel, eine Heilung zu bewirken, doch es kann die Heilung unterstützen. Es geht darum, die Hindernisse aus dem Weg zu räumen, die unserer wirklichen Eigenentwicklung im Wege stehen.

Die Meditation kann den Prozess einer integrierten Selbst-Ent-Faltung und Selbst-Ent-Wicklung erleichtern, Schwierigkeiten im neuen Licht erscheinen und Probleme vermeiden lassen sowie zur Stressbewältigung durch Entspannung beitragen.

4.2 Focusing

Ann Weiser Cornell war eine der ersten Trainerinnen, die mit einem Verfahren arbeitet, welches die Stimme des Körpers in den Mittelpunkt stellt. Die Methode lässt Sie das Flüstern Ihres Körpers hören, bevor er anfangen muss laut um Hilfe – und nach Veränderungen – zu schreien. Der Hintergrund ist, dass wir eigentlich ganz genau wissen, was wir uns wünschen, was wir wirklich wollen und was uns davon abhält, dies zu tun. Nach ihrer Meinung haben wir nur verlernt, dieser inneren Stimme in unserem Körper Gehör zu verleihen, die sich in Körpergefühlen und Empfindungen ausdrückt. Wenn wir diesen Signalen aufmerksam zuhören, ist die Zielrichtung für die Lösung innerer Konflikte klar.

So setzt diese therapeutische Technik nicht auf Hintergründe von persönlichen Konflikten an sondern direkt bei der Gegenwart. Es geht immer um den Jetzt-Zustand. Was fühle ich jetzt, was empfinde ich genau in diesem Moment. Focusing ist ein Weg der Selbsthilfe, um Hemmungen zu überwinden, sich aus destruktiver Selbstkritik zu lösen, das eigene Leben so zu ändern, dass es Ihren inneren Richtigkeitssinn befriedigt und die eigene Kreativität wieder fließen zu lassen. Wir nutzen das Focusing sehr gezielt im Coaching im Bereich Stressbewältigung.

4.3 Anti-Stress-Goodies

Tun Sie sich ab und zu mal etwas Gutes und versüßen Sie Ihr Leben zuckerfrei mit einem kleinen Anti-Stress-Goodie. Klein bedeutet 15 – 20 Sekunden – mehrmals täglich genießbar:

- Gehen Sie zum Fenster und öffnen Sie es weit. Strecken Sie Ihre Arme zur Seite und atmen Sie ruhig tief ein und aus. Wichtig ist, dass Sie nicht schnell atmen, sonst besteht die Gefahr einer Hyperventilation. Die frische Luft verleiht Ihrer Kreativität und Ihrem Hirn Flügel.
- Wenn Sie in Ihrem Bürostuhl sitzen, kippen Sie diesen nach hinten, legen Sie die Füße hoch und schließen Sie kurz die

Augen. Jetzt stellen Sie sich vor, wie Sie sich einen leckeren Tee aufgießen und diesen dann genüsslich trinken. Dann öffnen Sie Ihre Augen und machen einfach das, was Sie sich gerade vorgestellt haben

- Setzen Sie sich aufrecht hin und lassen Sie Ihre Schultern nach hinten kreisen. Die Arme hängen ganz locker am Körper.
- Stehen Sie auf und stellen sich auf die Zehenspitzen. Dabei recken Sie sich und strecken die Arme nach oben und greifen mit den Fingern so weit es geht nach oben.
- Stellen Sie sich hin und lassen Sie Ihre Arme und den Oberkörper ganz genüsslich von links nach rechts schwingen.

4.4 Stärkung der individuellen Widerstandskraft

Die Gesundheit ist unser kostbarstes Gut. Grund genug, unseren Körper gut zu behandeln.

Gesundes Essen

Essen ist Energie – achten Sie daher auf eine ausgewogene Ernährung, denn unsere Gesundheit hängt auch von den Dingen ab, die Sie Ihrem Körper zuführen und zumuten. Unsere Leistungsfähigkeit und Gesundheit haben wir selbst in der Hand. Der Mensch ist, was er isst – obwohl wir diesen Satz bereits sehr oft gelesen oder gehört haben, genügt ein Blick in einen Einkaufswagen an der Kasse eines beliebigen Supermarkts an einem beliebigen Samstag, um zu wissen, dass die Leitung vom Lesen bis zur Handlung sehr lang ist.
Dazu gibt es in der Literatur auch reichlich Informationen und Ratschläge, deshalb hier nur das Allerwichtigste. Weniger ist manchmal mehr – vor allem Lebensenergiekiller, wie Fett und weißen Zucker, sollten Sie – wenn überhaupt – nur in kleinen Mengen zu sich nehmen. Leichtigkeit entsteht nicht durch Fett – das macht uns nur schwer, lahm und bedeutet Stress. Essen Sie einfach alles, was Ihnen schmeckt, aber lassen Sie die überschüssigen Fettanteile weg.

Auf die psychoneuroimmunologisch wichtige Korrelation zwischen Stress und unserem Immunsystem sind wir bereits eingegangen. Vitamine, Mineralien und Spurenelemente kommen dabei eine tragende Rolle zu.

Vitamin-Kick in den neuen Tag

Ernährungsexperten unterstreichen die Wichtigkeit eines optimalen Vital-Stoff-Mix zur Steigerung der körperlichen und geistigen Leistungsfähigkeit und zur Stärkung des Immunsystems. Wissenschaftliche Studien belegen den Schutz vor Krankheitserregern durch Stärkung der körpereigenen Abwehrkräfte mit Nährstoffen. Ein wirksamer Schutz wird unter anderem durch Kombination der Vitamine A bis E geboten, die in jedem Frühstück reichlich enthalten sein sollten.
Einfache Nahrungsmittel, wie zum Beispiel Äpfel, Orangen, Bananen, Sonnenblumenkerne und Vollkornbrot bieten dem Körper mehr als 300 Bio-Stoffe als Nahrungsmittel für unser Immunsystem an. Stellvertretend seien beispielhaft genannt:

- Antioxidantien, die die Zellen vor aggressiven Radikalen schützen, sind wichtige Bio-Stoffe, die zum Beispiel in Äpfeln enthalten sind.
- Vitamin C ist ein weiterer wichtiger Bestandteil eines jeden Frühstücks. Frisch gepresster Orangensaft macht nicht nur munter und schmeckt gut, sondern enthält den Turbolader für das Immunsystem.
- Mit dem Vitamin B1, welches zur psychischen Stabilität und geistigen Fitness beiträgt, bekommen Sie mit zwei Scheiben Vollkornbrot die notwendige Portion „Gute Laune“ serviert.
- Zink (z.B. in Hartkäse und Roggenflocken) fungiert als wichtiger Bestandteil eines ausgeglichenen Immunsystems, Antioxidants und Unterstützer der Motivation.
- Das für die innere Ruhe und Ausgeglichenheit wichtige Magnesium ist in Bananen und Sonnenblumenkernen enthalten.

  Wir wünschen einen guten Appetit!

Starterkit für schnelles Denken

Besonders in den Büros brauchen Hirnarbeiter ein optimales Brain-Food. Eine Kombination aus komplexen Kohlenhydraten, ausreichend Vitaminen, Aminosäuren und fettarmen Eiweiß sowie vollwertigen Beilagen sind besser als die immer noch zu fetten Mahlzeiten mit Creme-fraiche-Salatsaucen und Sahnedesserts mancher deutscher Konzern-Kantinen. Anstatt einer großen Mittagspause sollten Sie lieber drei kleinere kurze Pausen einlegen, in denen Sie die jeweiligen Energie-Bausteine zu sich nehmen.

Wasser – Quelle des Lebens

Unser Körper besteht bis zu 70% aus Wasser. Eine schiefe Flüssigkeitsbilanz des Lebenselixiers Wasser macht träge, führt insbesondere bei Kopfarbeitern in Büros zu Müdigkeit und Abnahme des Kurzzeitgedächtnisses und einer Verringerung der Lernfähigkeit. Achten Sie daher auf genügend Flüssigkeit – trinken Sie mehr als Ihr Durst verlangt – aber nicht in Form von Kaffee, schwarzem Tee, koffeinhaltigen oder alkoholhaltigen Getränken. Diese Getränke entwässern den Körper durch die Anregung der Nierentätigkeit. In vielen italienischen Cafés oder Restaurants wird zum Espresso oder Capuccino ein Glas Wasser gereicht. Denn der Kaffee entwässert den Körper, daher ist es sinnvoll, zusätzlich Wasser zu trinken.

Ausreichend Schlaf

Schlafen Sie, so viel Sie brauchen. Unser Schlafbedürfnis ist individuell verschieden und altersabhängig.

> Unphysiologische Verhaltensweisen führen jedoch neben dem Schlafentzug zu vermehrtem Stress.

Beispiel

Wenn Sie beispielsweise den 6.50 Uhr Flieger von Frankfurt nach Hamburg erwischen müssen, um eine wichtige Besprechung zum Erfolg zu führen, bedeutet dies – je nach Anfahrtsweg – ein sehr frühes Aufstehen.

Nicht jeder Biorhythmus wird mit dieser Uhrzeit einverstanden sein. Wenn Ihre Besprechung früh angesetzt ist, bietet es sich an, am Tag zuvor anzureisen. Dies hat nicht nur einen stressreduzierenden Effekt für Sie sondern auch einen nachhaltigen Effekt für das Gespräch. Wenn Sie stressgeplagt aus dem verspäteten Flieger ins Taxi hüpfen, um noch rechtzeitig anzukommen und dann während der Besprechung mit geröteten Augen auf energetischem Notstromaggregatniveau mit dem Schlaf kämpfen, können Sie keine Höchstleistungen erbringen. Wenn Sie am Vortag anreisen, können Sie sich auf die neue Umgebung einstellen und sich gedanklich einstimmen.

Nehmen Sie Einschlaf- oder Durchschlafstörungen ernst, wir sind schon weiter vorne darauf eingegangen, dass sie wirkliche Energievampire und Stressoren par excellence sind. Wir brauchen den Schlaf als eine Erholung nach Plan, um unsere Energiebatterie wieder aufladen zu können.

4.5 Relaxierungs-Tipps für den Alltag

Dazu bietet sich eine Reihe von Methoden an, die auf die Stärkung der Selbstheilungskräfte zielen, wie z.B. QiGong (fester Bestandteil der traditionell chinesischen Medizin/TCM), Tai Chi und Yoga. Ziel von QiGong sind zum Beispiel die Erleichterung des Energieflusses, die Psychoregulation und die Herstellung einer harmonischen Balance zwischen An- und Entspannung. Hierbei werden Energieblockaden und -stauungen beseitigt. Erfolge von QiGong wurden zu Migräne und Spannungskopfschmerz publiziert (Friedrichs 2003). Wenn Sie auf solche Techniken zugehen möchten, informieren Sie sich – wie wir schon zum autogenen Training empfohlen haben – am besten in der einschlägigen Literatur.

Progressive Muskelrelaxation nach Jacobsen

Diese Techniken werden unter anderem von Piloten und fliegendem Personal angewandt. Der Vorteil ist, dass die Übungen auch im Sitzen und in Räumen ohne große Bewegungsmöglichkeiten ausgeführt werden können – zum Beispiel im Auto, Flugzeug oder während einer Bahnfahrt.

Auf den Punkt gebracht

Stress und Gelassenheit sind wie gegensätzliche Pole eines Magneten. Für einen sinnvollen Umgang mit Stress brauchen wir eine gute körperliche Verfassung und müssen uns in ausgeglichener Balance bewegen.

Wie buchstabieren wir den erfolgreichen Umgang mit Stress?

S = Strategien zur Stressbewältigung
T = Toleranz gegenüber Fehlern und Perfektion
R = Respekt gegenüber dem Hier und Jetzt – anerkennen, was ist
E = emotionale, körperliche und geistige Balance
S = super Gelassenheit sowie Ausgleichsfunktionen, wie Sport, Meditation und Präventivmaßnahmen
S = Selbst- und Eigenverantwortung für die Situation und das eigene Leben

- Finden Sie Ihre persönliche Balance aus Körper, Emotionen und Geist in den Bereichen Arbeit und Privatleben.
- Probieren Sie aus dem reichhaltigen Angebot im Sport und Entspannungsbereich die Methode aus, die Ihnen am besten liegt und am meisten Spaß macht.

10 Stufen zur effektiven Stressbewältigung

Wege zu mehr Gelassenheit im täglichen Sein – die persönliche Stress-Task-Force

1. Stellen Sie Ihre Stressdiagnose: Lernen Sie, Ihren eigenen Körper zu verstehen. Hören Sie genau zu – „Listen to your heart“ oder „Read the signs“.

   Nehmen Sie körperliche Schmerzen ernst. Tabletten sind keine Lösung. Suchen Sie nach Lösungen, wie Sie mit einer solchen Situation in Zukunft besser umgehen können.
2. Erweitern Sie Ihr Wissen über Stress und beziehen Sie seine Auswirkungen SINN-voll ein.
3. Sorgen Sie für die Be-SINN-ung über die eigene Persönlichkeit und über die eigenen Ziele und Visionen.
4. Reflektieren Sie die Möglichkeiten im Umgang mit Stress.
5. Setzen Sie Prioritäten.

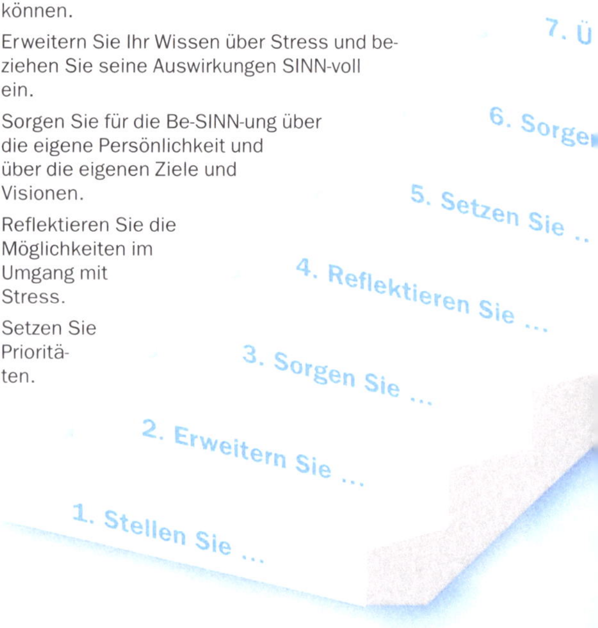

6. Sorgen Sie für eine körperlich-geistig-seelische Balance. Kämpfen Sie nicht gegen den Stress. Akzeptieren Sie das Jetzt. „Es ist, wie es ist“.

7. Übernehmen Sie proaktiv die (Eigen-)verantwortung für alles, was Sie tun – und damit für Ihr Leben. Sie sind der Schöpfer Ihres Lebensglücks – und so auch der Meister im Umgang mit dem Stress.

8. Organisieren Sie sich und Ihren Alltag durch Planung, Ordnung, und Priorisierung nach Wichtigkeit. Verzetteln Sie sich nicht und betrachten Sie das Leben nicht nach dringlichen Feuerwehrlöscharbeiten.

9. Prophylaxe und Prävention sind die Bausteine zur Gelassenheit – Meditation, Entspannung, Sport und ausgewogene Ernährung.

10. Bleiben Sie in Balance, locker, tolerant und gelassen. Und denken Sie daran: Mit einem Lachen geht alles leichter.

Auf den Punkt gebracht

Es ist besser, den Stress zu bewältigen, bevor er Sie überwältigt.

Stichwortverzeichnis

Literaturverzeichnis

Bents, R./ Blank, R.: M.B.T.I.. München, 2001
Bents, R./ Blank, R: Typisch Mensch. Göttingen, 1995.
Blank, R./ Bents, R.: Sich und andere verstehen – Eine dynamische Persönlichkeitstypologie. München, 2006
Bräutigam, W., u.a.: Psychosomatische Medizin. Stuttgart, New York, 1992
Burisch, M.: Das Burn-out Syndrom. Theorie der inneren Erschöpfung, Berlin, Heidelberg, New York, London, Paris, Tokio, Hongkong, 1989
Buser, K./ Kaul, U.: Medizinische Psychologie, Medizinische Soziologie. Stuttgart, New York, 1981.
Chao-Hsiu Chen: Im Tempel der Stille. Bergisch Gladbach, 2000
Chopra, Deepak: Die sieben geistigen Gesetze des Erfolgs. München, 1996.

Fedrigotti, A.: 30 Minuten für erfolgreiche Stressbewältigung. Offenbach, 2002.
Felser, G.: Motivationstechniken. Berlin, 2004
Friedrichs, E./ Pfistner, B.,/ Aldridge, D.: Qigong Yangsheng-Übungen als Begleittherapie bei Migräne und Spannungskopfschmerz – Ergebnisse einer multizentrischen prospektiven Studie. Dt. Ztschr. F. Akup. 46, 4/2003, S. 6 – 17.
Hanh, Thich Nhat: Das Wunder der Achtsamkeit. Berlin, 1990
Hüther, G.: Bedienungsanleitung für ein menschliches Gehirn. Göttingen, 2004
Hüther, G.: Biologie der Angst – wie aus Stress Gefühle werden. Göttingen, 2002
Hütter, H.: Zeitmanagement. Berlin, 2008
Koch, A./ Kühn, S.: Ausgepowert? Offenbach, 2000
Leymann, H.: Mobbing. Psychoterror am Arbeitsplatz und wie man sich dagegen wehren kann, Reinbek, 1996
Malik, F.: Führen, Leisten, Leben. Stuttgart, München, 2000
Michal, Mina: Stress. Basel, 1991.
Pettinger, R.: Stress Management. Oxford, 2002
Prochaska, J. O./ Diclemente, C. C. / Norcross, J. C. : In Search how people change: Applications to addictive behaviors. American Psychologist 47, Nr. 9 (1992): 1102 – 1114
Pschyrembel Klinisches Wörterbuch. Berlin, New York, 1986
Scheithauer, F./ Friedrich, A. W./ Rehle, E.: Die Lebensenergie stärken mit Qi Gong. München, 2000
Schröder, J.-P.: Selbstmanagement. Offenbach, 2005
Schröder, J.-P.: Wege aus dem Burnout. Berlin, 2008
Schröder, J.-P./ Diekow, S.: Wie Sie Projekte zum Erfolg führen. Berlin, 2006
Sennett, R.: Respekt. Berlin, 2002
Steiner, C.: Wie man Lebenspläne verändert. Paderborn, 2000
Uexküll, Thure von: Psychosomatische Medizin. München, Jena, 2003
Wilber, K.: Integrale Psychologie. 2001
Zimbardo, P. G./ Gerrig, R. J. : Psychologie. Berlin, Heidelberg, New York, 2003